Reinhard Niesel • In jener Zeit – HEUTE

Br. Reinhard Niesel SVD

In jener Zeit – HEUTE

Zwölf Szenen aus dem Markusevangelium

Bibliographische Information Der Deutschen Nationalbibliothek
Die Deutsche Bibliothek verzeichnet diese Publikation in der
Deutschen Nationalbibliografie; detaillierte bibliografische Daten sind
im Internet über http://dnb.ddb.de abrufbar.

www.medu-verlag.de

Reinhard Niesel
In jener Zeit – HEUTE

Dreieich bei Frankfurt/ M.

Umschlaggestaltung: MEDU Verlag
Printed in EU

ISBN 978-3-938926-75-8

INHALT

VORWORT

In meinem Buch „Heilende Begegnungen“ habe ich die zwölf Personen vorgestellt, die von Jesus geheilt wurden. Sie sind dabei hautnah mit ihm in Berührung gekommen und haben seine göttliche Macht am eigenen Leibe erfahren dürfen. Wir haben dabei erlebt, daß diese zwölf Menschen zugleich lebendige Beispiele für uns wurden, denn auf ähnliche Weise will Jesus auch einem jeden von uns begegnen. Hier in diesem Büchlein ist ein Querschnitt des Lebens Jesu nach Markus ausgewählt. Ich habe zwölf Szenen ausgesucht, die uns den Kern und das Wesen seiner Frohen Botschaft vermitteln wollen.

So schlicht und einfach auch die Sprache des Markusevangeliums ist, so überzeugend und vielseitig sind auf der anderen Seite seine Gedanken und Leitbilder, so daß man bei der Betrachtung des Lebens Jesu immer wieder neue Facetten seines Wesens entdecken kann. Man muss daher immer wieder mit neuem Eifer darangehen und die verschiedenen Aspekte seiner Frohen Botschaft kennen lernen. Dazu wird hier eine Auswahl von Themen vorgestellt, die eine Hilfe für ihr rechtes Verständnis anbietet. Das einzige, was der Leser dabei mitbringen sollte, ist eine liebende Beharrlichkeit in dem Bemühen, Jesus immer besser kennen zu lernen.

Das Evangelium ist das lebendige Wort Gottes und jedes Wort ist wie ein Samen, der ins Herz gelegt wird, damit er aufgehe, wachse und reiche Frucht bringe. Diese zwölf Szenen stammen aus jener Zeit, da Jesus Christus auf Erden lebte. Sie gelten aber auch für uns heute und können uns als Wegweiser für unser ganzes Leben dienen. Je einfacher und vorbehaltloser Sie auf diese Frohe Botschaft eingehen, desto fruchtbarer können sie für den Leser werden. Im „Heute“ verwirklicht sich unser Heil und das Zeugnis unseres Glaubens. Möge euch heute der Segen Gottes erfüllen. Je einfacher und vorbehaltloser sie auf diese Texte eingehen, desto fruchtbarer können sie für den Einzelnen werden.

Die Taufe Jesu Mk 1,9 – 11

In jenen Tagen kam Jesus aus Nazaret in Galiläa und ließ sich von Johannes im Jordan taufen. Und als er aus dem Wasser stieg, sah er, daß der Himmel sich öffnete und der Geist wie eine Taube auf ihn herabkam. Und eine Stimme aus dem Himmel sprach: Du bist mein geliebter Sohn, an dir habe ich Gefallen gefunden.

\+ + + + +

Der Evangelist Markus stellt zu Beginn seiner Frohen Botschaft die Hauptperson vor, um die sich alles dreht; es ist Jesus von Nazaret in Galiläa. Über ihn will er berichten und seine Taten und Lehren verkünden. Dieser Jesus wird sich in der Folge als so einmalig und umwälzend für die ganze Weltgeschichte erweisen, daß er später schließlich als die Wende und die Erfüllung der Zeiten bezeichnet würde. Was er verkündet ist neu und geht alle an und gilt für alle kommenden Generationen. Seine Worte haben eine bisher ungeahnte göttliche Kraft, denn sie bewirken auch das, was sie beinhalten. Jeder Mensch kann jetzt im Glauben an ihn das ewige Heil erfahren und durch ihn Gnade und ewiges Leben erlangen. Markus bezeugt allen diese Frohe Botschaft und das christliche Leben der Gläubigen ist zugleich ein Erweis für die Wahrhaftigkeit und Glaubwürdigkeit seiner Worte.

Von diesem Jesus ist also hier die Rede und von seinem himmlischen Vater, den er „Abba" nennt und vom Heiligen Geist, der alle mit seinem Geist erfüllt. Jesus spricht vom Reich Gottes das er aufbauen will, von der Erlösung und der Vergebung der Sünden. In vielen Beispielen und Gleichnissen erklärt er die Frohe Botschaft und er wirkt Zeichen und Wunder die seine heiligen Worte erläutern und untermauern. Er verkündet der ganzen Welt eine grundlegend neue Beziehung zu Gott und lädt alle ein, ihm in seiner Liebe nachzufolgen. Schließlich ist er es selbst, der sich aus Liebe seinem himmlischen Vater als reines Opfer am Kreuze darbringt. In der Folge berichten uns die Evangelisten die Auferstehung Jesu von den Toten, die Sendung des Heiligen Geistes und die ersten Schritte der jungen Kirche.

Die Taufe Jesu bildet dabei den Beginn seines öffentlichen Lebens und schon gleich hier am Anfang des Evangeliums muß man sich vor Augen halten, daß der Evangelist verschiedene Begebenheiten aus seinem Leben berichtet, um uns an Hand dieser Ereignisse zugleich die göttlichen Wahrheiten über das ewige Heil zu verkünden. Er vermittelt uns auf diese Weise das Wort Gottes und wir dürfen nicht müde werden ihm nachzuspüren und zu versuchen es zu verstehen. In diesen drei Versen ist schon in groben Zügen die ganze Heilsgeschichte enthalten und alles Weitere ist praktisch nur die Ausfaltung und Erklärung dieser Szene. Was also in der Folge von Jesus berichtet wird, ist schon hier grundgelegt. Darum ist die Taufe Jesu nicht einfach nur der Beginn seines Evangeliums, sondern sie ist wie eine große Überschrift zu sehen, die über dem ganzen Leben Jesu steht. Die Taufe Jesu muß man daher immer mitbedenken, wenn man seine anderen Worte und Taten betrachtet.

Wenn wir es genau bedenken, so können wir in diesen wenigen Versen eine Offenbarung des dreifaltigen Gottes erkennen. Der Evangelist stellt uns am Anfang seines Evangeliums wie selbstverständlich die drei Personen in Gott vor. So ist die Verkündigung der Frohen Botschaft von Anfang an mit dem Glauben an die heiligste Dreifaltigkeit verbunden. Indem die Gemeinde im Lichte des Heiligen Geistes den Vater Jesu Christi anruft und zu ihm betet, bekennt sie ihren Glauben an den dreifaltigen Gott. Er offenbart sich in allen Taten Jesu Christi und es ist die einzigartige Gnade der Gläubigen, dieses Geheimnis zu kennen. Während die eigentliche Lehre über die heiligste Dreifaltigkeit erst viel später fixiert wurde, war der Glaube an Jesus Christus den Sohn Gottes schon immer Gegenstand der Verkündigung. „Das

Mysterium der heiligsten Dreifaltigkeit ist das zentrale Geheimnis des christlichen Glaubens. Einzig Gott kann uns von ihm Kenntnis geben, indem er sich als Vater, Sohn und Heiliger Geist offenbart." (KKK 261)

Das Auftreten des Johannes des Täufers ist dann auch der Grund für den Beginn des öffentlichen Lebens Jesu. Die Stimme des Rufers in der Wüste war bis nach Galiläa gedrungen und überall redete man von diesem außergewöhnlichen Menschen. Er predigte eine Taufe zur Vergebung der Sünden und es ist irgendwie überraschend, wie sein Auftreten so große Wellen schlagen konnte. Wahrscheinlich ist Jesus dann zusammen mit vielen anderen seiner Landsleute von Galiläa aufgebrochen, um die Predigt des Johannes zu hören und sich von ihm taufen zu lassen. Eigentlich berichtet Markus recht wenig über das Wirken des Johannes des Täufers, ähnlich wie er sich auch sonst auf die wesentlichsten Punkte der Frohen Botschaft konzentriert. Die Taufe Jesu ist ihm aber äußerst wichtig, weil er hierbei gleich zu Beginn seines Evangeliums Jesu Beziehung zu Gott seinem himmlischen Vater zeigen kann.

Wie alle anderen ließ sich auch Jesus von Johannes taufen, er stieg in den Jordan und ließ sich von ihm untertauchen. Dieser Ritus symbolisierte das reinigen von allen Sünden und er war ein Zeichen der Umkehr zu Gott. Die Bußpredigt des Johannes und sein Ruf zur Umkehr zu Gott muß Jesus sehr berührt haben und er sieht sich selbst in dieser Taufe vor seinen himmlischen Vater hintreten und ihn um Verzeihung für die Sünden der ganzen Welt bitten. Die Taufe öffnet sein Herz in einer ganz neuen Weise und wie er sieht, wie Johannes „sein Volk mit der Erfahrung des Heils beschenkt" (Lk 1,77), so will er von jetzt an der ganzen Menschheit die Gnade Gottes vermitteln. Diese Taufe war daher nur ein Vorbild für eine ganz andere Taufe; und Johannes prophezeite das auch: „Nach mir kommt einer, der euch mit dem Heiligen Geist taufen wird" (Mt 3,11).

Die Taufe des Johannes ist ein sichtbares Zeichen für den Glauben an Gott. Später wird Jesus bei seinem Streit mit den Schriftgelehrten und Pharisäern darauf zurückgreifen und ihnen vorhalten, daß sie dem Johannes nicht geglaubt haben. Er fragte sie: „Woher stammte die Taufe des Johannes? Vom Himmel oder von den Menschen?“ (Mt 21,25). Über ein äußeres Zeichen könnte man sich noch streiten, aber zur inneren Umkehr zu Gott und zu den Werken der Gerechtigkeit gibt es keine Alternative. Jesus läßt sich taufen, obwohl er es nicht nötig gehabt hätte, und er stellt sich in eine Reihe mit allen Menschen die den Willen zur Umkehr haben. Diese Wende wurde von den meisten Getauften richtig ernst genommen, und sogar noch nach vielen Jahren trifft Paulus in Ephesus einen Kreis von Johannesjüngern. Diese hatten die Umkehr mit ganzem Herzen vollzogen, aber viele Einwohner von Jerusalem nicht.

Für Jesus war die Taufe ein echter Akt der Hingabe an Gott, den er mit ganzem Herzen vollzog. Er gibt sich ihm mit Leib und Seele hin, so daß Johannes als Prophet diese Worte sprechen konnte: „Seht, das Lamm Gottes, das die Sünde der Welt hinwegnimmt“ (Joh 1,29). Die Reinheit und Heiligkeit seines Wesens blieb ihm nicht verborgen und er sah schon voraus, wie sich durch ihn das Heil der Welt verwirklichen würde. Seine Taufe ist daher nicht nur ein äußeres Zeichen der Umkehr zu Gott, sondern sie ist der Beginn eines Opferlebens von dem schon der Prophet Jesaja weissagte: „Er ist wie ein Lamm, das man zum Schlachten führt“ (Jes 53,7). Für Jesus ist die Taufe der Beginn seines öffentlichen Auftretens, das in seinem Tode am Kreuze vollendet wird; es ist ein Geheimnis der Liebe Gottes, das die Erlösung und Heiligung der ganzen Welt zum Ziele hat.

„Er sah, daß sich der Himmel öffnete“. – Was soll man sich darunter konkret vorstellen? Was geschieht, wenn sich der Himmel öffnet? Kann man dann Gott im Himmel sehen? Wie lange ist jetzt der Himmel offen? Diese Aussage ist an und für sich klar und deutlich aber dennoch haben wir dabei doch noch so manche Fragen. Daß sich der Himmel öffnete kann man als ein Bild für die Beendigung des unseligen Zustandes der ganzen Menschheit in der Gottesferne sehen. Damals am Anfang der Geschichte „vertrieb Gott den Menschen aus dem Paradies" (Gen 3,24), weil er ungehorsam war und versperrte ihm den Weg zum Baum des Lebens. Die erste Sünde des Menschen hatte solche tiefgreifende Konsequenzen für ihn und nur Gottes erneutes Eingreifen konnte ihm das Heil bringen.

Hier öffnet sich also der Himmel und man darf sich fragen: *Ist das jetzt die Öffnung des Himmels, die allen Menschen das ewige Heil bringen wird?* So gesehen ist es eine Öffnung des Himmels für alle Zeiten, denn von nun an hat jeder Mensch durch Jesus Christus einen Zugang zu Gott. Wir dürfen unter dem offenen Himmel aber auch die Gegenwart Gottes erkennen und dann bedeutet diese Aussage: Von jetzt an ist Gott für alle Menschen erreichbar, denn der Himmel ist auf die Erde gekommen und Gott hat sein Zelt unter den Menschen auf geschlagen. (Joh 1,14) Schließlich ist das Sich-Öffnen des Himmels ein Zeichen für den göttlichen Segen, der von nun an über alle ausgegossen wird. Mit dem Beginn des öffentlichen Lebens Jesu ist die Barmherzigkeit und Güte Gottes in eine neue Phase getreten, denn Gott ist jetzt nicht mehr nur der Unsichtbare, Unnahbare und Ferne, sondern er ist mitten unter uns.

In diesem Zusammenhang ist auch die Szene mit dem ersten Martyrer Stephanus zu beachten, denn er rief bei seiner Verteidigung: „Ich sehe den Himmel offen und den Menschensohn zur Rechten Gottes stehen" (Apg 7,56). Hier wird uns ein Bild der Vollendung gezeigt, wie die Kirche die ewige Zukunft der ganzen Schöpfung sieht. Darum ist der geöffnete Himmel auch ein Bild für die Wahrhaftigkeit und Treue Gottes, das den Menschen Hoffnung und Zuversicht gibt. Bis dahin gilt für alle das

Wort der Emmausjünger: „Da gingen ihnen die Augen auf" (Lk 24,31). Im Glauben an Jesus Christus kann ein jeder schon jetzt die inneren Zusammenhänge des göttlichen Heiles erkennen. Um eine solche Öffnung der Augen muß man daher beten, damit man dann auch seinen Schwestern und Brüdern erzählen kann, was man auf dem Weg nach Emmaus erlebt hat.

Für Jesus selbst dürfte der Empfang der Taufe durch Johannes eine der großen Schicksalsstunden seines Lebens gewesen sein. Seine Lebensaufgabe begann vor seinen Augen Gestalt anzunehmen und er nabelte sich innerlich ganz von den Seinen in Nazaret ab. Hier beginnt sein öffentliches Leben und er will sich jetzt einzig und allein der Verkündigung der Frohen Botschaft widmen. Gott, sein himmlischer Vater, hatte seine Hingabe angenommen und als er aus dem Wasser stieg, sah er wie der Geist auf ihn herab kam. Es ist derselbe Geist von dem die Schöpfungsgeschichte berichtet „der Geist Gottes schwebte über den Wassern" (Gen 1,2). Von diesem Geist läßt er sich jederzeit führen und er kann mit den Worten des Propheten Jesaja sagen: „Der Geist des Herrn ruht auf mir; denn der Herr hat mich gesalbt. Er hat mich gesandt, damit ich den Armen die gute Nachricht bringe" (Lk 4,18).

Die Taufe Jesu ist daher keine malerische oder idyllische Begebenheit am Ufer des Jordan, sondern sie ist ein wichtiger Meilenstein in der Erlösung der ganzen Menschheit. Wie bei der Geburt Jesu, so wird auch hier der Weg des Heiles für uns sichtbar. Seine Taufe erinnert uns aber zuerst einmal an unsere eigene Taufe, die uns den Weg zu Gott, unserem himmlischen Vater, öffnete. Sie befähigte uns zu einem Leben in der Liebe Gottes und beschenkte uns mit den Gaben des Heiligen Geistes. Die Taufe bewirkt die „Vergebung der Sünden und die Geburt zu einem neuen Leben in Gott. Der Gläubige wird ein Kind des Vaters im Himmel, Schwester und Bruder Christi und ein Tempel des Heiligen Geistes. Er wird dem mystischen Leib Christi eingegliedert und erhält Anteil am Priestertum Christi" (KKK 1279) Die Wirkung aller dieser Gnaden hängt aber auch von unserem eigenen Mitwirken ab, ob wir sie mit Freuden annehmen oder ob wir sie einfach ignorieren.

Jesus ist der erste Mensch, der in allem dem Willen Gottes entsprach und daher war er auch der erste, der die Stimme Gottes vernehmen durfte. Diese Stimme Gottes konnte nur er allein hören, denn nur er allein war der geliebte Sohn des Vaters. Gott spricht ihn hier in einmaliger Weise an: „Du bist mein geliebter Sohn, an dir habe ich Gefallen gefunden". Jesus entsprach in allem den Vorstellungen seines himmlischen Vaters und er hatte seine größte Freude an ihm. Auf die Stimme Gottes, die zuerst einmal im Gewissen zu jedem Menschen spricht, muß ein jeder hören, denn darin liegt zunächst einmal sein Heil. Es ist daher seine lebenslange Aufgabe, sein Gewissen zu erziehen. „Das Gewissen ist der verborgenste Kern und das Heiligtum des Menschen, in dem er allein ist mit Gott, dessen Stimme in seinem Innersten widerhallt" (GS 16)

Aus diesem Grunde ist das Hören auf die Stimme Gottes der Anfang und das Ziel unseres Lebens mit Gott. Seine Stimme ist aber noch auf manch andere Art und Weise zu hören: z. B. im Lesen und Betrachten des Wortes Gottes, im Hören der Predigt oder Unterweisung im Gottesdienst, in den Einsprechungen des Heiligen Geistes und in den Bedürfnissen und Mängeln unserer Umwelt, die zu beheben wir in der Lage sind. So zum Beispiel der Bekämpfung von Hunger und Armut in der Welt, der Gestaltung der Umwelt durch eine verantwortungsvolle Politik oder auch der Erziehung der Kinder. Es bedarf daher eines ständigen Hörens auf die Stimme Gottes und dazu sollte noch eine gewisse geistige Beweglichkeit des Herzens kommen. Einen grundlegenden Mangel an diesen Eigenschaften mußte Jesus leider bei vielen seiner Zuhörer feststellen, denn sie ließen sich nur schwerlich zu einer Änderung ihres Lebens bewegen.

Man muß aber nochmals ausdrücklich darauf hinweisen, daß das Hören auf die Stimme Gottes dem Menschen innere Freude und die Geborgenheit seines Herzens schenkt, denn die Erfüllung des Willens Gottes bringt ihm nicht Furcht und Knechtschaft, sondern Freiheit und Liebe, Zufriedenheit und Segen. Die Menschen, die von seiner Liebe ganz erfüllt waren, haben das am besten verstanden, denn sie lebten in seiner Liebe, ohne darauf zu achten, was es ihnen dabei abverlangen würde. Das beste Beispiel dafür gibt uns auch wieder Jesus selbst, denn er nahm alle Leiden und den Tod auf sich, weil er darin die Erfüllung des Willens seines himmlischen Vaters sah. Das Hören auf die Stimme Gottes bedeutet letztlich unser größtes Glück, weil er uns in seiner Liebe das ewige Leben bei ihm schenken will.

Als er aus dem Wasser stieg, hörte er die Stimme die zu ihm sprach: „Du bist mein geliebter Sohn, an dir habe ich Gefallen gefunden". Dieses Wort müssen wir als etwas ganz besonderes bewerten; wenn Gott selbst an einem Menschen Gefallen gefunden hat, so ist das eine ganz außergewöhnliche Aussage. Er ist in diesem Falle also nicht nur zufrieden mit ihm, sondern er baut auf ihn und schaut voll Wohlgefallen auf ihn. Diese Schriftstelle erinnert uns auch ausdrücklich an das Wort des Propheten Jesaja, der vom Knecht Gottes vorhersagte: „Seht, das ist mein Knecht, den ich stütze; das ist mein Erwählter, an ihm finde ich Gefallen" (Jes 42,1). Er ist bis zum Tode gehorsam geworden und findet daher in allem die Zustimmung seines himmlischen Vaters. Weil aber Gott Gefallen an seinem geliebten Sohn gefunden hat, jubelt der ganze Himmel und der Lobpreis der Gerechten nimmt kein Ende.

Gott schaut in seiner Liebe immerfort auf seine Söhne und Töchter und sie wachsen und reifen mit jedem guten Werk und mit jeder Mühe und jedem Schmerz, den sie aus Liebe zu ihm auf sich nehmen. Das macht sie von Fall zu Fall vor Gott und den Menschen liebenswerter und wohlgefälliger, auch wenn sie noch mit so manchen Schwächen und Sünden behaftet sind. Solche Überlegungen sind aber letzten Endes nur bildlich zu verstehen, um überhaupt etwas von der Liebe Gottes auszudrücken. In Wirklichkeit ist seine Barmherzigkeit und Liebe zu jedem Menschen von vorneherein so groß und unbeschreiblich, daß uns dazu schlichtweg die Worte fehlen. Der vielgeliebte Sohn Gottes soll daher nicht der ideale Einzelfall bleiben, denn in Jesus liebt der Vater alle Menschen, weil er der Bruder aller geworden ist und jeder ein vielgeliebtes Kind des himmlischen Vaters wurde.

Von dem Sakrament der Taufe bekommen leider die wenigsten etwas mit, weil sie dieses für gewöhnlich schon als Kleinkind empfangen. Aus diesem Grunde ist es auch notwendig und sinnvoll, die Gnaden der Taufe regelmäßig zu erneuern, damit sie in ihm das ganze Leben hindurch lebendig bleiben. Eine solche Erneuerung der Taufgnade wird durch die bewußte Hinwendung zu Gott vollzogen und auch jedes Gebet und jedes gute Werk führt den Gläubigen in diese Richtung. Wenn aber Gott an einem Menschen Gefallen gefunden hat, dann überhäuft er ihn mit seinen Gaben und Gunsterweisen, die für ihn selbst und für alle in seiner Umgebung zum Segen gereichen. Einige dieser Gaben nennt der hl. Paulus in seinem Brief an die Galater: „Liebe, Freude, Friede, Langmut, Freundlichkeit, Güte, Treue, Sanftmut und Selbstbeherrschung" (Gal 5,22).

In der Taufe wird dem Menschen ein bleibendes Merkmal aufgedrückt. Es kann aber im Laufe des Lebens leicht verblassen, wenn es allzu lange vernachlässigt wird. Wie die Muskeln des Körpers bald erlahmen, wenn sie nicht betätigt werden, so ist es auch mit der Taufgnade; wenn sie nicht aktiviert wird, dann verkümmert sie. Die Praxis des Lebens zeigt uns aber dann, wie intensiv der Einzelne seinen Glauben lebt. Er wurde ja nicht dazu getauft, daß er nur einfach darauf zu warten braucht, bis er in die Ewigkeit abberufen wird, sondern er soll sein ganzes

Leben in den Dienst Gottes stellen. Die Taufe ist das ganz persönliche Geschenk Gottes an den Menschen und für seine Gaben und Wohltaten kann er ihm täglich danken.

Die Versuchung Jesu Mk 1,12 – 13

Danach trieb der Geist Jesus in die Wüste. Dort blieb Jesu vierzig Tage lang und wurde vom Satan in Versuchung geführt. Er lebte bei den wilden Tieren, und die Engel dienten ihm.

\+ + + + +

Jesus hatte die Stimme vom Himmel gehört die ihm versicherte, daß er der geliebte Sohn des Vaters im Himmel sei und nun beginnt für ihn der Ernst des Lebens. Er kann sich nicht auf der Wolke Sieben ausstrecken, sondern muß sich der Realität des Lebens stellen. Er steht am Anfang seines Weges und erkennt sehr bald, daß er sich zuerst einmal eine Auszeit nehmen muß, um sich über seinen weiteren Weg klar zu werden. Der Geist Gottes führte ihn in die Wüste, ja er drängte ihn, sich in die Einsamkeit zurückzuziehen, damit er sich so auf sein kommendes Wirken vorbereiten konnte. Das zeigt uns von neuem, daß Jesus auch ganz Mensch war und daß für ihn nichts selbstverständlich war. Seine göttliche Sohnschaft bleibt uns dabei aber ein undurchdringliches Geheimnis. Aus diesem Grunde kann man auch sein Leben und Wirken nicht wie das eines anderen Menschen erklären oder studieren, sondern es bleibt immer eine Seite an ihm, zu der wir nur im Glauben Zugang haben.

Wie Jesus damals in die Wüste zog, so gab es auch zu allen Zeiten einige Menschen, die, zumindest zeitweise, die Einsamkeit aufsuchten. Die Gründe hierfür mögen sehr unterschiedlich gewesen sein, denn sie werden immer davon abhängen, von welchem Geiste einer dazu getrieben wird. Der eine sucht die Stille, um innerlich aufzutanken und sich für eine neue Aufgabe zu rüsten; ein anderer will nur weg von der betriebsamen Umwelt, um Ruhe und Frieden zu finden. Dann gibt es vielleicht auch solche, die sich vor einer Pflicht drücken und lieber den Müßiggang pflegen, oder solche die sich der Beschauung hingeben und Gott im Säuseln des Windes begegnen wollen (1 Kön 19,12). Dabei muß es für uns heutige Menschen überraschend sein, daß es schon vor vielen Jahrhunderten immer wieder Menschen in die Einsamkeit zog, obwohl es die Hektik und Betriebsamkeit, die Automatisation und Elektronik überhaupt noch nicht gab. Sie zogen sich zurück, weil es ihre Seele brauchte.

Man darf aber Einsamkeit und Wüste nicht von vorneherein miteinander vergleichen. Die Erfahrung des Lebens in der Wüste ist eine ganz andere Herausforderung, als die bloße idyllische Ruhe und Geborgenheit. Die Wüste ist eine lebensfeindliche Umgebung und in ihr tobt der Kampf der Gewalten der Natur. In der Wüste zählt letztlich nur das Überleben und das Sich-behaupten-Können. Allein schon der Mangel an Wasser und Nahrung fordert dem Menschen das letzte ab und die Ideale und die guten Vorsätze verflüchtigen sich dabei sehr bald. Wer in die Wüste geht, der muß sich auf so manches gefaßt machen, was für ihn ansonsten in seiner gewohnten Umwelt kein Problem darstellen würde. Die eigenen Gefühle und Sinne spielen ihm dort so manchen Streich und er sieht, daß er von vielen Dingen abhängig ist, woran er sonst nie gedacht hätte. In der Wüste ist er ganz auf sich allein gestellt und die geistigen Mächte toben sich in seinem Herzen aus.

Wenn wir in der Heiligen Schrift die Zahl vierzig lesen, dann werden wir gleich hellhörig, denn sie begegnet uns immer dann, wenn von einer besonderen Gotteserfahrung berichtet wird. Das erstemal taucht daher diese Zahl vierzig in der Schilderung der Sintflut auf. „Die Flut dauerte vierzig Tage. Das Wasser stieg und hob die Arche immer höher über die Erde" (Gen 7,17). Und wie Mose vierzig Tage auf dem Sinai blieb, so verbrachte Jesus vierzig Tage in der Wüste. Wichtig ist uns dabei die Aussage, die sich damit verbindet: Er verbrachte diese Zeit in der Wüste, um mit seinem himmlischen Vater allein zu sein. Hier wurde er von niemandem gestört und er konnte sich so ganz auf seine große Aufgabe konzentrieren. Mose brachte dann vom Berge seinem Volke die Zehn Gebote mit und Jesus verkündete nach diesen Tagen der Wüstenerfahrung in der Bergpredigt die Seligpreisungen.

Wer in die Wüste geht, der kommt zumeist als anderer Mensch wieder heraus; er kann sich dann besser auf das Wesentliche beschränken und seine Verbindung mit Gott erhält eine ganz neue Lebendigkeit. Er sieht die Welt mit ganz anderen Augen und dieses Erlebnis kann sein ganzes Leben prägen. Diese vierzig Tage stärken seinen Willen und geben seiner Sendung das bestimmende Merkmal. Interessant ist dabei vor allem, daß Jesus dann bei seinem öffentlichen Auftreten nicht einfach nur die Predigt des Johannes übernimmt, sondern mit ganz neuen Worten spricht. Er zitiert den Propheten Jesaja: „Ruft ein Gnadenjahr des Herrn aus, er verkündet die Freiheit für die Gefangenen und will den Blinden das Augenlicht bringen" (Jes 61,2). Der Grundtenor seiner Botschaft ist durch und durch verheißungsvoll, denn er will die Menschen durch seine Sendung zur Liebe Gottes führen.

In Anlehnung an diese vierzig Tage die Jesus in der Wüste verbrachte begeht die Christenheit die österliche Bußzeit, um sich ganz intensiv auf das Fest der Auferstehung Christi vorzubereiten. Es ist dies eine angemessene Zeit, die der Mensch regelmäßig braucht, um in kleinen Schritten dem Herrn entgegen zu gehen. Ähnlich ist es auch beim Fasten selbst, denn es reicht nicht, nur einmal auf eine geliebte Speise zu verzichten, sondern um eine tiefergehende Erneuerung zu erzielen braucht es eine längere Zeit der Buße und der Reinigung des Herzens. Diese vierzig Tage wollen dem Menschen zu einer inneren Loslösung von den Anhänglichkeiten dieser Welt verhelfen und ihn so mit dem Willen Gottes in Einklang bringen. Schließlich sind diese vierzig Tage auch ein Bild für das sammeln des Manna, „das die Israeliten vierzig Jahre hindurch in der Wüste gegessen haben“ (Ex 16,35). In ähnlicher Weise soll auch der Christ das Manna des Wortes Gottes aufsammeln um davon zu leben. (Dtn 8,3)

Vielleicht können wir am besten verstehen daß Jesus ganz Mensch ist, wenn wir wahrnehmen, daß er wie jeder andere versucht werden konnte.

„Der Kern aller Versuchung ist das Beiseiteschieben Gottes, denn sie lädt uns gar nicht direkt zum Bösen ein, das wäre zu plump.“ Ratzinger

Die Versuchung an sich ist ja nicht schlecht und nur das nachgeben führt zur Sünde. Entsprechend seiner göttlichen und menschlichen Natur war die Versuchung aber für Jesus auf einem ganz anderen Niveau, darum sind sie auch nicht mit den unseren vergleichbar. Der Evangelist erwähnt hier jedoch keine Versuchung direkt, während Matthäus und Lukas jeweils drei exemplarische Versuchungen herausgreifen. In jedem Falle muß man sich aber bewußt machen, daß Jesus wie alle anderen Menschen auch, das ganze Leben hindurch mit Versuchungen zu ringen hatte.

Jesus wurde dabei vor allem in seiner göttlichen Macht versucht, daß er sie zu seinem persönlichen Nutzen gebrauchen würde. Er könnte aus den Steinen der Wüste Brot machen, um seinen Hunger zu stillen; er sollte seine göttliche Macht vor aller Welt zur Schau stellen, daß die Menschen ihm huldigen und er sollte das Reich Gottes nach der Art der Reiche dieser Welt aufrichten. Das alles hatte er vehement ausgeschlagen um dem Vater im Himmel treu zu bleiben. Unsere Versuchungen nehmen sich dagegen viel bescheidener aus und sie sind zumeist auf die Beobachtung der Gebote Gottes und seinen Weisungen ausgerichtet. Es sind also die alltäglichen Dinge unseres gemeinsamen Lebens, die wir aus Eitelkeit, Stolz oder Gewinnsucht vollbringen und die uns zur Untreue gegen Gott führen wollen. „Wir alle verfehlen uns in vielen Dingen" (Jak 3,2), aber wir haben auch jederzeit die Möglichkeit, daß wir unsere Fehler bereuen, damit sie uns vergeben werden.

Drei weitere Beispiele für solche Versuchungen Jesu können wir ohne weiteres aus den Evangelien herauslesen. Nach der ersten Ankündigung seines Leidens „nahm Petrus ihn beiseite und machte ihm deswegen Vorwürfe. Jesus aber sprach zu ihm: geh mir aus den Augen, denn du willst nicht, was Gott will" (Mk 8,33). Er erkannte sofort die Versuchung, die darin verborgen war und wehrte sich mit aller Kraft dagegen. Eine andere Versuchung war gewiß auch die Situation nach der Brotvermehrung, in der die Leute Jesus zum König machen wollten (Joh 6,15). In der Hochstimmung nach dem Wunder wollten die Leute schon gleich das verwirklichen, was der Vater für die Vollendung der Zeiten schenken will. Die letzte und schwerste Versuchung mußte er aber noch am Kreuze selbst bestehen, da die Juden ihm zuriefen: „Er solle vom Kreuz herabsteigen, dann werden wir an ihn glauben." (Mt 27,42)

Die Bibel schildert uns in der Schöpfungsgeschichte, wie der Mensch mit seiner ersten Versuchung konfrontiert wurde. Er hatte sie aber nicht bestanden, denn die Frucht des Baumes der Erkenntnis von Gut und Böse schien ihm so reizvoll und begehrenswert zu sein, daß er ihr schließlich nicht widerstehen konnte. Wir brauchen dabei aber nicht mit dem Finger auf unsere Stammeltern zu zeigen, denn diese Versuchung ist nur ein Bild, wie man sich diese erste Versuchung vorstellen könnte. So ähnlich spielen sich dem Wesen nach aber alle Versuchungen ab und der Unterschied zu ihnen wird nur in den verschiedenen Menschen, Gegebenheiten und Zeiten liegen. Die Versuchung selbst erlebt aber jeder in seinem Herzen und sie ist dann auch der Gegenstand einer Bitte des Vaterunsers, in der wir auf die Notwendigkeit des Gebetes in der Versuchung hingewiesen werden.

Konkret steht daher für den Menschen die Versuchung zum Ungehorsam gegen Gott und zur Macht über den Mitmenschen an erster Stelle. Daraus ergeben sich dann letztlich alle anderen Versuchungen. In beiden Fällen geht es also um die rechte Einstellung ihnen gegenüber. Gegen Gott geht es darum, ihn anzuerkennen und seinen Willen zu tun und den Menschen soll er als seinen Nächsten liebevoll behandeln und ihm in allen seinen Nöten beistehen. Das ist dann schließlich auch der Inhalt dessen, was Jesus im größten Gebot zusammenfaßt: „Du sollst den Herrn, deinen Gott, lieben mit ganzem Herzen, mit ganzer Seele und mit all deinen Gedanken. Das ist das wichtigste und erste Gebot. Ebenso wichtig ist das zweite: Du sollst deinen Nächsten lieben wie dich selbst." (Mt 22,37 f)

Der Mensch wird also versucht, weil er ein Geschöpf Gottes ist und weil er auf dem Weg zu Gott ist und er seinen Willen erfüllen will. Der Widersacher in der Person des Satans will ihn aber andauernd in Versuchung führen, um ihn auf diese Weise von seinem Weg zu Gott abzubringen. Daher begegnet uns die Versuchung in unserem täglichen Leben als Anreiz zur Sünde. Aus diesem Grunde lehrt uns auch Jesus zu seinem Vater im Himmel zu beten: „Und laß uns nicht der Versuchung erliegen" (Mt 6,13). Um ihr also wirksam begegnen zu können muß man daher zuerst einmal die Versuchung als solche erkennen; denn viele haben eine Prüfung nur deshalb nicht bestanden, weil sie diese überhaupt nicht als solche erkannt haben. Als das geeignete Mittel .gegen die Versuchung empfiehlt uns Jesus das Gebet. In seiner schwersten Stunde am Ölberg sagte er deshalb zu den Jüngern: „Wachet und betet, damit ihr nicht in Versuchung geratet." (Mt 26,41)

Das Gebet sieht er also als das richtige Mittel an, um die Versuchungen zu überwinden. Um sich seines weiteren Weges klar zu werden, zog sich Jesus daher in die Wüste zurück; hier wollte er sich ungestört mit seinem himmlischen Vater besprechen.

Aber auch diese Zeit wurde immer wieder von so manchen Versuchungen durchkreuzt und er muß ständig mit der ganzen Kraft im Gebete dagegen angehen. Darum gibt er auch uns im Gebet das entsprechende Mittel in die Hand, das wir zur Überwindung der Versuchungen brauchen und er hilft uns zugleich mit seinem Heiligen Geist ihnen zu widerstehen. Im Gebet vergewissert man sich nämlich des rechten Weges und schaut auf sein rechtes Tun, indem man sich sozusagen Gott selbst zum Maßstab nimmt um sein Handeln zu überprüfen. Auf diese Weise werden sehr schnell die Irrtümer und Schwächen der Versuchungen aufgedeckt und man erhält zugleich von Gott die Kraft und die Einsicht, gegen sie anzugehen.

Über die Versuchungen müssen vor allem schon die ersten Christengemeinden vielfach nachgedacht haben, denn dieses Thema wird in den verschiedenen Briefen zur Sprache gebracht. Sehr deutlich schreibt das vor allem der Jakobusbrief: „Jeder wird von seiner eigenen Begierde, die ihn lockt und fängt, in Versuchung geführt" (Jak 1,14). So ist die Versuchung praktisch ein Negativbild seiner Seele und nicht Gott ist für die Versuchung verantwortlich, sondern die eigenen bösen Gedanken, Triebe und Gelüste. Ein jeder erlebt die Versuchungen und schon selbst das Kind wird auf seine Weise mit ihnen konfrontiert; und seien es auch nur die kleinen Dinge des Lebens, die ihm verboten wurden, wozu es aber Lust hätte sie dennoch zu tun. An der Art der Versuchungen kann man normalerweise ihre Verfänglichkeit und Gefährlichkeit für die Beziehung zu Gott und den Mitmenschen erkennen.

Auf den Menschen wirken also ständig alle möglichen Reize, Verlockungen und Anfechtungen ein; es sind die Versuchungen, die ihn beeinflussen und verwundbar machen. Sie alle haben aber durchaus auch eine positive Seite, denn ohne die Versuchungen hätte er auch keine Impulse für sein Streben nach Fortschritt, Entwicklung und Reife. Aus diesem Grunde sind die Versuchungen nicht nur lästige Randerscheinungen in seinem Leben, sondern sie gehören ganz wesentlich zu seiner geistigen Entfaltung und Bewährung dazu, damit er den Weg zu Gott sicher finden kann. Weil er aber gleicherweise auch die Versuchungen seiner Schwestern und Brüder wahrnimmt, wird er zugleich zur Toleranz und zur Nachsicht mit ihnen angehalten; das ist dann schon die erste Form der gebotenen Nächstenliebe.

Erst die überwundene Versuchung schenkt dem Menschen aber die eigentliche Macht über sich Selbst und wenn er sich Selbst besiegt hat, dann ist er auch in der Lage, seinem Schöpfungsauftrag gerecht zu werden. Aus diesem Grunde ist die Versuchung für den Menschen auch wie eine Richtschnur oder wie ein Geländer, an dem entlang er sich bewegen und die notwendige Lebenserfahrung sammeln kann. Die ausgestandene Versuchung schenkt ihm die innere Gewißheit, daß er auf dem rechten Weg ist und daß er dem Willen Gottes entsprochen hat. Dabei kommt ihm der Heilige Geist zu Hilfe, der ihn in die Wüste des Lebens geführt hat und der ihm eingibt das Rechte zu tun. So gesehen ist die überwundene Versuchung eine sichere und legitime Möglichkeit der Gotteserfahrung, indem er sich seiner Führung anvertraut und nicht den Lockungen des Satans nachgibt.

Der Schlußsatz dieser Szene schlägt dann noch eine ganz andere Seite der Wüstenerfahrung Jesu an. Hier wird uns sozusagen eine heile Welt geschildert, als wäre es das schönste und normalste, in der Wüste zu leben. Irgendwie hat man den Eindruck, als wäre Jesus unversehens in die Welt des Paradieses entrückt, in der er als Herr der Schöpfung auftritt. „Gott der Herr legte in Eden einen Garten an und setzte dorthin den Menschen" (Gen 2,8). Der Mensch ist die Krone der Schöpfung und wenn er in Frieden und Harmonie mit ihr lebt, steht er auch im Segen und Wohlgefallen Gottes. Die Engel dienten ihm, so daß er keinen

Mangel zu leiden hat. Dieses Bild mag uns überraschen und es erinnert uns an den Schöpfungsauftrag der Bibel: „Seid fruchtbar, und mehret euch, bevölkert die Erde, und macht sie euch untertan" (Gen 1,28).

Daher ist die Wüste mit ihren Versuchungen und Bedrohungen für den Erlösten von sich aus auch kein Ort der Hoffnungslosigkeit und des Unheils, denn alles ist im Prinzip mit der Gnade Gottes zu bewältigen. Seitdem Jesus selbst in die Wüste gegangen ist, hat auch kein Ort mehr etwas schreckliches oder unheimliches an sich, denn eine Bedrohung kommt nicht von einem verrufenen Ort, sondern „von den Mächten und Gewalten der Finsternis" (Eph 6,12), die mit dem Menschen streiten. Die Wüste wird aber dem zum Segen, der sich ganz in die Hände Gottes legt; und wenn er sogar Leiden und Tod erdulden muß, so ist er doch in seiner Hand geborgen. Was wir dabei zwar nur schwerlich verstehen, ist der Zeitpunkt der Errettung, der oftmals erst nach dem Leiden oder dem Tode liegt, wenn wir das nicht mehr erleben können. Hier ist dann der Glauben an Gott gefragt.

„Die Engel dienten ihm", diese letzte Aussage macht uns wiederum den übernatürlichen Charakter der ganzen Frohen Botschaft deutlich. Wir dürfen uns dabei nämlich nicht vorstellen, daß sie Jesus z. B. das Feuerholz zum Kochen besorgt hätten. Sie treten aber in den wichtigen Momenten des Lebens Jesu auf und nehmen innigen Anteil an der Aufrichtung des Reiches Gottes. Sie bringen die Gebete Jesu vor seinen himmlischen Vater und beten das Geheimnis seines Erdendaseins an. Wie „ein Engel ihm am Ölberg vom Himmel erschien und ihm neue Kraft gab" (Lk 22,43), so sind auch hier die Engel dabei ihm zu dienen, damit er seine Sendung als Messias erfüllen kann. „Die Engel umgeben Christus, ihren Herrn. Sie dienen ihm insbesondere bei der Erfüllung seiner Heilssendung für den Menschen." (KKK 351)

Von den wahren Verwandten Jesu Mk 3,31 – 35

Da kamen seine Mutter und seine Brüder; sie blieben vor dem Haus stehen und ließen ihn herausrufen. Es saßen viele Leute um ihn herum, und man sagte zu ihm: Deine Mutter und deine Brüder stehen draußen und fragen nach dir. Er erwiderte: Wer ist meine Mutter, und wer sind meine Brüder? Und er blickte auf die Menschen, die im Kreis um ihn herumsaßen, und sagte: Das hier sind meine Mutter und meine Brüder. Wer den Willen Gottes erfüllt, der ist für mich Bruder und Schwester und Mutter.

\+ + + + +

Dieser Abschnitt aus dem Markusevangelium umfaßt nur fünf Verse und darum kann es leicht sein, daß man schnell über diese wenigen Zeilen hinwegliest. Alle drei Synoptiker haben jedoch diese Begebenheit überliefert, aber sie wird leider nicht in der sonntäglichen Leseordnung berücksichtigt, weil dieses Thema auch an anderer Stelle zur Sprache gebracht werden kann. So werden die Verwandten Jesu auch bei der Rede Jesu in der Synagoge von Nazaret erwähnt, aber nur hier treten sie direkt in Erscheinung. Der Schauplatz dieser kurzen Episode ist Kafarnaum, denn hier begann das öffentliche Auftreten Jesu. Für die Evangelisten ist es ganz selbstverständlich, daß Jesus Verwandte hatte und sie haben keine Schwierigkeiten damit; und uns kann das nur wiederum darauf hinweisen, daß er ganz Gott und Mensch ist.

In der Verwandtschaft macht man sich Sorgen um Jesus, denn er war plötzlich so ganz anders; er trat jetzt als Lehrer und Wunderheiler auf und das schien gar nicht zu dem zu passen, wie sie ihn bisher kannten. Was ist da so unerwartet in ihn gefahren? Seitdem er bei diesem Johannes am Jordan war, ist er wie verändert. Man erkennt ihn nicht wieder denn er redet von Dingen, die für sie zu hoch sind und die aus einer ganz anderen

Welt zu stammen scheinen. Inzwischen hatte er schon eine ganze Reihe von Anhängern um sich gesammelt, große Reden gehalten und war durch verschiedene Aktionen in der Öffentlichkeit aufgefallen. Zu guter Letzt legte er sich auch noch mit der Pharisäern und Schriftgelehrten an und kritisierte sie vor dem ganzen Volke. Aus diesem Grunde ist es ihrer Meinung nach höchste Zeit, daß sie in dieser Sache etwas unternehmen und ihn auf den Boden der Tatsachen zurückbringen, damit er nicht in das Fadenkreuz ihrer Justiz gerät.

In dieser Szene wird Maria, die Mutter Jesu, eigens erwähnt. Haben die anderen Verwandten sie nur mitgenommen, um ihrem Eingreifen mehr Druck und Gewicht zu verleihen? Jedenfalls ist uns überraschender Weise über den Ausgang dieser Begebenheit nichts berichtet und Maria selbst tritt auch erst wieder bei der Kreuzigung Jesu in Erscheinung. Man kann es erahnen, daß sie hier eine ihrer vielen dunklen Stunden des Lebens durchmachte aber es wird uns kein Wort aus ihrem Mund davon überliefert. Genauso wie bei der Suche nach ihrem zwölfjährigen Sohn müßte man auch hier wiederholen: „Sie bewahrte alles in ihrem Herzen" (Lk 2,51) Sie konnte gewiß nicht alles verstehen, was da mit ihrem Sohne geschah, aber sie vertraute auf die Verheißung die sie empfangen hatte. „Im Verlauf seiner Verkündigung nahm sie die Worte auf, in denen der Sohn das die Ansprüche und Bande von Fleisch und Blut übersteigende Reich predigte und die seligpries, die das Wort Gottes hören und bewahren, wie sie es selbst getreulich tat". (LG 58)

Jesus verkündete die Frohe Botschaft und wenn er seine Predigt nicht durch Zeichen und Wunder verdeutlichte, dann hat er für gewöhnlich ein treffendes Gleichnis oder ein Beispiel dafür bereit. Als man ihn hier bei seiner Rede unterbrach und zu ihm sagte: „Deine Mutter und deine Brüder stehen draußen und fragen nach dir", so nimmt er das zum Anlaß um allen zu erklären für wie wichtig und notwendig er das Wort Gottes einschätzt.

Den Zuhörern muß bei dieser Rede vor Überraschung förmlich der Mund offen gestanden haben und wir sollten uns diese Szene oftmals in Erinnerung rufen, daß auch wir selbst die göttliche Macht seines Wortes miterleben. Darum werden wir ständig daran erinnert, daß sein Wort für alle Zeiten und in Ewigkeit Geltung hat. „Himmel und Erde werden vergehen, aber meine Worte werden nicht vergehen" (Mt 24,35).

Wer weiß, wieviel die Verwandschaft zu der damaligen Zeit gegolten hat, der kann in etwa ermessen, was Jesus hier sagen wollte: Wer den Willen Gottes erfüllt, der ist mit mir verwandt. Um das richtig einzuschätzen, sollten wir den Prolog des Johannesevangeliums zur Hilfe nehmen. Darin heißt es gleich zu Beginn: „Im Anfang war das Wort, und das Wort war bei Gott, und das Wort war Gott" (Joh 1,1). Jesus ist das Wort Gottes in Person und alle die auf ihn hören, werden von ihm zu seinen Schwestern und Brüder gemacht. Es ist eine Verwandschaft im Heiligen Geiste; hierbei zählen daher nicht mehr die Bande des Blutes oder der Sippe, sondern sie ist ein Geschenk der göttlichen Liebe. Weil Jesus aber ganz Gott und ganz Mensch ist, liegt ihm vor allem diese geistige Verwandtschaft mit uns am Herzen, denn sie ist das Fundament für unser ewiges Leben in seiner Herrlichkeit beim Vater.

Wie Bruder und Schwester denselben Vater haben, so hat auch der, welcher den Willen Gottes erfüllt, denselben Gott zum Vater wie Jesus Christus. Er ist daher nicht nur von Gott geschaffen, sondern er hat auch Anteil an seinem göttlichen Wesen; deshalb ist er in gewisser Weise verwandt mit Gott. Wie die Verwandten aber viele gleiche Merkmale an sich tragen, so finden sich auch bei den geistig Verwandten viele übereinstimmende Kennzeichen. Eines davon sieht der Evangelist im aufmerksamen Hören des Wortes Gottes gegeben. Das ist also ein herausragendes Merkmal eines Bruders und einer Schwester Jesu, daß sie jederzeit offen für das Wort Gottes sind und es in ihrem Herzen tragen. Wie Jesus von sich sagen konnte: „Ich tue immer das, was dem Vater gefällt" (Joh 8,29), so sollte man das in gleicher Weise auch immer von den Gläubigen sagen können.

Der Christ ist also ein Verwandter Jesu Christi, er ist nicht nur einer der an ihn glaubt und ihm nachfolgt, sondern er ist vor allem einer der von seinem Geiste durchdrungen ist. Diese Verwandschaft ist also ganz auf den geistlichen Bereich bezogen, denn: „Was aus dem Fleisch geboren ist, das ist Fleisch; was aber aus dem Geist geboren ist, das ist Geist" (Joh 3,6). Er ist also ein Bruder und eine Schwester Jesu, denn: „Christus ist der Erstgeborene von vielen Brüdern" (Röm 8,29). Jesus erklärt hier also die neue Verbindung, die sich in seinem kommenden Reich zwischen ihm und den Menschen anbahnt; und da er der Sohn des lebendigen Gottes ist, sind alle, die auf ihn hören, zugleich seine Brüder und Schwestern.

Hierbei ist zu beachten, daß Jesus auch die Schwestern ausdrücklich erwähnt, denn für gewöhnlich wurden zur Zeit Jesu nur die Männer angeredet und damit waren dann automatisch alle gemeint. Daß er hier aber zugleich von den Schwestern spricht, will uns die Tatsache vor Augen stellen, daß auch die Frauen ganz wesentlich in den Anruf des Reiches Gottes mit einbezogen sind. Die Frau ist nicht nur die bessere Hälfte des Mannes, sondern sie ist für sich genommen in ihrer Beziehung zu Gott selbständig. Sie entwickelt in ihrem Leben mit Gott ein eigenständiges Seelenbild und ist auch selbst voll verantwortlich für ihr eigenes hören auf sein Wort. Sie kann sich daher vor Gott nicht hinter der Zuständigkeit ihres Mannes verbergen, sondern sie hat ihren eigenen seelischen Bereich den sie selbst zu verantworten hat. Für uns heutige Menschen ist das alles nichts ungewöhnliches, doch zu der damaligen Zeit sah man das zumeist anders.

Aber das ist noch nicht alles, denn Jesus sagt in seiner Rede auch, daß der, welcher auf sein Wort hört, auch seine Mutter sei. Das ist jedoch keine maßlose Übertreibung, sondern nur die folgerichtige Deutung seines Wortes. Maria hat Christus der Welt geboren und auf geistliche Weise bringt auch jeder im Heiligen Geist Christus zur Welt, der sein Wort hört und es befolgt. Es ist ein Wunder, das der Geburt Jesu aus Maria ähnlich ist, denn durch einen schwachen Menschen tritt er immer neu als Heiland in die Welt. Hier bei der Erklärung der Wichtigkeit des Hörens auf das Wort Gottes stellt er seiner Mutter zugleich das höchste Lob aus, denn er weiß seinen Zuhörern dafür kein besseres Vorbild zu geben, als Maria seine Mutter. Daher ist diese Rede Jesu von seinen wahren Verwandten und seiner Mutter keine versteckte Abfuhr an sie, sondern eine große Hilfe zum besseren Verständnis seiner Frohen Botschaft.

Jesu wahre Verwandte sind also seine Apostel, seine Jünger und die Gläubigen aller Zeiten, die sein Wort angenommen haben. Dabei ist es erstaunlich, wie der Evangelist das mit so einfachen Worten so genau ausdrücken konnte und mit welcher Präzision er die wahre Verwandtschaft Jesu beschreibt. Zum anderen ist es überraschend, daß er Maria, die Mutter Jesu, an dieser Stelle des Evangeliums erwähnt. Vielleicht will er uns damit sagen: Wenn du auch nicht wie Maria mit Jesus verwandt bist, so bist du es doch durch den Glauben an ihn. Möglicherweise gab es in den ersten Gemeinden noch so manches Gerede über eine eventuelle Bevorzugung der Verwandten Jesu im Himmel. Hier schiebt der Evangelist allem ganz energisch einen Riegel vor, indem er feststellt, welche Vorzüge die wahren Verwandten Jesu auszeichnen müssen. Nicht die Bande des Blutes versprechen dem Menschen das Heil, sondern das gläubige Hören des Wortes Gottes.

Das mußte die junge Kirche zuerst noch lernen, daß jeder der den Geist Gottes empfangen hatte, das Heil erlangen kann.

„Darin gibt es keinen Unterschied zwischen Juden und Griechen" (Röm 10,12), denn jeder, der das Wort Gottes annimmt, wird gerettet. Hier begegnet uns die Realität des Pfingstwunders: „Jeder hörte sie in seiner Sprache reden" (Apg 2,6). Vor diesem Hintergrund verstehen wir auch die ganze Dimension der Aussage Jesu über die wahren Verwandten. Er kennt dabei keine Grenzen und Hindernisse, wenn es darum geht den Menschen Zugang zum ewigen Leben zu geben, denn er will ja daß alle gerettet werden. „Die Schafe hören auf meine Stimme" (Joh 10,3) und jeder, der sie hört und ihm nachfolgt, hat das ewige Leben. Das ist das Neue im Reiche Gottes und um das allen Gläubigen klar zu machen, bedurfte es in der Folge sogar des Apostelkonzils.

Aus dem Hören auf seine Stimme ergeben sich dann im Laufe der Zeit alle anderen Merkmale der Schwestern und Brüder Jesu. Sie leiten sich von der getreuen Beobachtung der Gebote und der Seligpreisungen, sowie von der Nachfolge Jesu und all der anderen Weisungen Jesu ab. Dabei wird dem einen vom Heiligen Geist die Erfüllung dieser Aufgabe ans Herz gelegt und dem anderen wird jenes gezeigt, was er für den Aufbau des Reiches Gottes tun könnte. Der hl. Paulus schreibt in diesem Zusammenhang: „Denn wie wir an dem einen Leib viele Glieder haben, so sind wir, die vielen, ein Leib in Christus" (Röm 12,4). So sind alle zusammen eine Einheit und jeder kann zum Wohl der Gemeinschaft das beitragen, was ihm als Gabe von Gott geschenkt ist.

Die wahren Verwandten Jesu sind daher reich begnadet, denn sie hören aus erster Hand das Wort Gottes. Von diesem Hören spricht die Bibel fast auf jeder Seite und der Glaube des Einzelnen lebt und wächst dabei von Stufe zu Stufe. Im Alten Testament war es das tägliche Gebet „Höre, Israel!" (Dtn 6,4), das den gläubigen Juden regelmäßig dazu aufforderte Gott zu verehren und ihn zu lieben. Im Neuen Testament weist uns Jesus den Weg zum ewigen Heil, indem er sagt: „Selig sind die, die das Wort Gottes hören und es befolgen“ (Lk 11,28). Zwischen diesen beiden Schriftstellen gibt es eigentlich keinen wesentlichen Unterschied, denn in beiden Fällen kann man von einer gewissen Freiwilligkeit und liebenden Hingabe des Menschen ausgehen, seinen Gott zu verehren und ihm zu dienen.

Als der Mensch nach dem Sündenfall Gott hörte, hatte er Furcht vor ihm, denn er hatte soeben von der Frucht des verbotenen Baumes im Paradies gegessen. „Als er Gott kommen hörte, versteckte er sich, weil er nackt war“ (Gen 3,10). Das ist in der Folge die Situation des Menschen nach dem Sündenfall; wenn er Gott kommen hört, dann befällt ihn Furcht und Schrecken. Das hat sich erst dann grundlegend geändert, als Christus in die Welt eintrat und zu seinem Vater betete: „Das Gehör hast du mir eingepflanzt, darum sage ich: Ja, ich komme, deinen Willen zu tun“ (Ps 40,7). Seitdem sind alle, die Jesus Christus nachfolgen, seine Brüder und Schwestern und sie können hören wie er und seinen Willen vollbringen. Sie hören auf die Stimme des guten Hirten und sie sind von seinem Heiligen Geist erfüllt.

Das Wort „Vater“ nimmt Jesus jedoch bei dieser Aufzählung seiner wahren Verwandten aber nicht in den Mund, denn hier ist für ihn die Grenze zwischen unserer geistigen Verwandtschaft mit ihm und seiner ewigen Beziehung zu seinem Vater im Himmel. Er spricht daher nur von einem Vater, seinem geliebten Vater im Himmel, den er auch „Abba“ nennt. Daher lehrt er auch seine Jünger: „Ihr sollt niemand auf Erden eueren Vater nennen; denn nur einer ist euer Vater, der im Himmel“ (Mt 23,9). Seine Vaterschaft ist mit nichts in der Welt zu vergleichen und steht über allen anderen Beziehungen der Menschen. Mit dieser Aussage deckt er auch seine eigene Beziehung zu seinem Vater im Himmel etwas auf; er weiß sich als Sohn dieses Vaters und er hat sich ihm in seinem Leben hier auf Erden in allem ganz seinem Willen unterworfen.

Der Gläubige ist aber nicht nur mit Jesus verwandt, sondern in gleicher Weise auch mit allen Brüdern und Schwestern in der weiten Welt. „Jesus blickte auf die Menschen, die im Kreis um ihn herumsaßen" und sie waren so dicht beieinander, daß seine leiblichen Verwandten draußen stehen bleiben mußten als sie zu ihm kommen wollten. Seine wahren Verwandten haben aber immer Zutritt zu ihm und er schaut stets voll Liebe auf alle, die auf ihn hören. Sie haben auch keine Furcht vor Gott, wenn sie ihn kommen hören, wie einst die Stammeltern, und sie lauschen dicht gedrängt der Frohen Botschaft. Sie beten und singen miteinander zum Lobe Gottes und sie sind eine heilige Gemeinschaft. Sie dienen einander in brüderlicher Nächstenliebe, sorgen sich um die Kranken und Notleidenden und stehen den Behinderten und Sterbenden bei. So geben sie allen ein gutes Beispiel, denn „sie sind ein Herz und eine Seele und sie haben alles gemeinsam" (Apg 4,32).

Alle Taten Jesu sollen uns zum Heil und zur Freude gereichen und daher ist auch die Freude darüber, daß wir Verwandte Jesu sind, geradezu selbstverständlich. Diese Freude kann uns zu neuen Taten der Liebe ermuntern und macht uns lebendiger und beweglicher in seinem Dienst. Als seine Verwandten haben wir schon in diesem Leben so mancherlei Vorzüge und er hat uns darüber hinaus noch das ewige Leben versprochen. Wir brauchen daher nicht mit gesenktem Haupt oder mit einer Regenwetter-Miene durch die Welt gehen, sondern wir wissen immer genau wo wir zuhause sind und zu wem wir mit unseren Sorgen gehen können. Wir haben einen Sinn in unserem Leben gefunden und das macht uns froh und glücklich. Das Verwandtsein mit Jesus hilft uns über so manche Schwierigkeiten des Lebens hinweg und läßt uns unseren Glauben nicht als Last, sondern als ein außergewöhnliches Glück empfinden.

Die Gläubigen sind also auch alle miteinander verwandt, denn sie alle sind mit dem Heiligen Geist getauft. Daher können sie leichter ihre gegenseitigen Eigenarten und Fehler ertragen und im Frieden Christi überbrücken. Diese Verwandtschaft mit Christus und allen unseren Brüdern und Schwestern ist unsere tägliche Herausforderung zu einer grenzenlosen Liebe, denn auch Gott liebt uns alle so wie wir sind. In der Praxis ist es aber leider zumeist so, daß wir dies allzuleicht vergessen. Da kann es uns eine Hilfe sein, wenn wir uns bemühen, wenigstens einmal am Tage an unsere Verwandtschaft mit Christus zu denken und in die Tat umzusetzen. Aber auch unsere Brüder und Schwestern sind in der gleichen Situation wie wir und daher sollten wir es uns zur Gewohnheit machen, für sie zu beten, daß auch sie die Verwandtschaft mit Christus als eine große Freude erfahren.

In dem Hause in dem Jesus lehrte waren seine Jünger versammelt, dazu kamen noch die Menschen die von so manchen Krankheiten und Gebrechen geheilt worden waren, ferner die Bürger der Stadt und viele andere die sich für seine Frohe Botschaft interessierten. Insgesamt könnten sie alle zusammen ein Modell für die Vielfalt der Gruppen in der Kirche darstellen, die auch heute noch überall zusammenkommen, um seinen Worten zu lauschen. Hier in ihrer Mitte verkündet Jesus das Programm des Reiches Gottes und er unterrichtet und formt den Einzelnen für seine ganz persönliche Aufgabe. Weil diese Menschen in Jesus alle miteinander verwandt sind, ergibt sich wie von selbst, daß sie eine Gemeinschaft bilden, die die Frohe Botschaft in die Welt hinaustragen. Sie sind daher keine Einzelkämpfer, sondern sie stehen immer in einer Gemeinschaft, die sie schützt und trägt.

Der Sturm auf dem See Mk 4,35 – 41

Am Abend dieses Tages sagte er zu ihnen: Wir wollen ans andere Ufer hinüberfahren. Sie schickten die Leute fort und fuhren mit ihm in dem Boot, in dem er saß, weg; einige andere Boote begleiteten ihn. Plötzlich erhob sich ein heftiger Wirbelsturm, und die Wellen schlugen in das Boot, so daß es sich mit Wasser zu füllen begann. Er aber lag hinten im Boot auf einem Kissen und schlief. Sie weckten ihn und riefen: Meister kümmert es dich nicht, daß wir zugrunde gehen? Da stand er auf, drohte dem Wind und sagte zu dem See: Schweig, sei still! Und der Wind legte sich, und es trat völlige Stille ein. Er sagte zu ihnen: Warum habt ihr solche Angst? Habt ihr noch keinen Glauben? Da ergriff sie große Furcht, und sie sagten zueinander: Was ist das für ein Mensch, daß ihm sogar der Wind und der See gehorchen?

+ + + + +

Ist es etwas besonderes, mit Jesus in einem Boot zu sitzen? Auf was haben sich die Apostel hier eingelassen? Was will ihnen Jesus in dieser Begebenheit lehren? Kann ich diesem Jesus immer vertrauen? Wie gut verstehe ich seine Führung? Finde ich immer Rettung und Hilfe bei ihm? Eine gute Frage ist schon die halbe Antwort. Um eine präzise Frage zu stellen braucht es zumeist eine große Einsicht in die Zusammenhänge des Lebens und sie zeugt von einer beachtlichen Reife des Fragenden. In dieser Szene sind die Apostel alle zusammen und wohl kaum einmal sind sie so dem gemeinsamen Schicksal ausgeliefert wie gerade hier. Was man am eigenen Leibe erlebt hat, das prägt sich tiefer ein, als jede noch so gut gemeinte Belehrung. Daher war das Erlebnis vom Sturm auf dem See für sie förmlich notwendig, damit sie ihren Meister immer besser kennen lernen. Dieses Evangelium ist für uns alle geschrieben, denn in der kleinen Apostelschar können wir schon die Kirche im Ganzen erkennen und auch jeder Einzelne kann sich als eines ihrer Glieder in dem Boot der Kirche wissen.

Jede Episode des Evangeliums hat ihre eigene Dramatik und so hat auch dieses Erlebnis der Jünger vom Sturm auf dem See seine eigene Note. Die Apostel waren von Jesus auserwählt und sie stammten so ziemlich alle aus dieser Umgebung. Das ist ihre Heimat mit der sie vertraut sind und die sie kennen und lieben. Jesus hatte den ganzen Tag über das Volk gelehrt und die Gleichnisse und Beispiele für das Reich Gottes die er ihnen vortrug waren einleuchtend und gingen ihnen zu Herzen. So wollten die Jünger nun in Ruhe den Tag beschließen und seine vielen Belehrungen auf sich wirken lassen. Wenn man aber mit Jesus zusammen ist, dann ist man vor Überraschungen nicht sicher. Heute will er sie noch in ganz besonderer Weise belehren, um sie so auf ihre späteren Aufgaben vorzubereiten. Wenn Christus die Zügel meines Lebens in die Hand nimmt, dann kann ich mir gewiß sein und darauf bauen, daß er nur das Beste für mich im Sinn hat.

An dieser Stelle schleicht sich aber schon gleich meine erste Frage ein: *Glaube ich wirklich, daß er immer das Beste für mich will, oder hätte ich da nicht doch oftmals für mein Leben andere Vorschläge bereit, die mir richtiger oder besser schienen?* Nach dem Evangelium ist es Jesus, der das Boot der Apostel besteigt und mag da kommen was da will, er ist bei ihnen; und in gleicher Weise ist er auch immer bei mir. Solches Vertrauen zu Christus kann man den Gläubigen zwar mit allem Eifer lehren aber erst wenn der Einzelne diesen Glauben an ihn selbst aufbringen kann, wird er für ihn zum persönlichen Erlebnis. Den Glauben kann man nämlich nicht wie eine Hausaufgabe auswendig, lernen, sondern man muß ihn immer wieder neu aufbringen und bezeugen. Glauben heißt auf Christus vertrauen und wenn der Wind einem auch noch so mächtig ins Gesicht bläst und die Wellen noch so hoch schlagen.

Jesus will also immer mit uns zum anderen Ufer hinüberfahren. Wir sollen uns nämlich nie mit dem bereits Erreichten zufrieden geben, sondern er will, daß wir immer wieder aufbrechen und uns neue Ziele stecken, daß wir ständig dazulernen und unseren Horizont erweitern. Manchmal will er uns auch eine neue Aufgabe übertragen oder uns ein Ideal zeigen, nach dem wir streben könnten. Es gibt daher viele Gründe dafür, daß wir uns mit ihm zum anderen Ufer aufmachen sollen; aber auch wenn wir nicht alles verwirklichen können was er uns zeigt, so sollen wir doch wenigstens einiges davon in Angriff nehmen. Die Apostel stiegen mit Jesus in das Boot und das ist in jedem Falle das Erste, was sie uns lehren können, daß auch wir mit ihm zusammen aufbrechen.

Der Sturm auf dem See kommt aber unvermutet, er meldet sich meist nicht groß an und da die Apostel ja alle in dieser Gegend zuhause waren, kannten sie das Toben der Wellen zur Genüge. Daher muß die Gewalt des hereinbrechenden Unwetters gewiß außergewöhnlich groß gewesen sein, denn sonst hätten sie nicht so ungestüm Jesus um Hilfe angerufen: „Meister kümmert es dich nicht, daß wir zugrunde gehen?“ Die Angst und der Schrekken vor dem Untergang standen ihnen ins Gesicht geschrieben und all die schönen und heilsamen Worte Jesu, die sie vor wenigen Stunden noch gehört hatten, sind vergessen und in den Wind geblasen. Dieser Sturm hier ist eine ganz andere Herausforderung in der sie sich plötzlich wiederfinden. Aber jedenfalls erinnerten sie sich, daß sie Jesus bei sich im Boote haben und sie eilen zu ihm und rufen zu ihm um Hilfe und Errettung.

Die Realität des Lebens zeigt uns ganz eindeutig, daß in einem solchen Wirbelsturm auf dem See aber auch tatsächlich so manches Boot untergeht. Wir erleben es sozusagen tagtäglich, daß die Menschen ein Unglück trifft, daß sie einen tödlichen Unfall erleiden, daß sie durch Hunger oder Krieg umkommen, oder von einer unheilbaren Krankheit heimgesucht werden. Wir selber machen dabei keine Ausnahme, denn ein jeder ist anscheinend wahllos in das Schicksal des Lebens mit eingebunden.

Trotz unseres Glaubens an Gott, bewahrt uns seine Vorsehung nicht unbedingt vor allen Übeln der Welt und wir haben durch ihn keinen erkennbaren Vorteil. Aber er hat uns ganz fest versprochen, daß er in allen Widerwärtigkeiten unseres Lebens immer bei uns bleibt. „Seid gewiß: Ich bin bei euch alle Tage bis zum Ende der Welt" (Mt 28,20).

Darum gibt es auch in meinem Leben solche Stürme, die mir alle meine Fähigkeiten und Talente abverlangen, daß ich in meiner Notsituation bestehen kann. Und auch ich bin zuweilen an dem Punkt angelangt, an dem ich nicht mehr weiter wusste und keinen Ausweg mehr sah. Ein solcher Sturm kann viele Gesichter haben: Unglück und Not, Krankheit und Tod, Armut oder Arbeitslosigkeit und vieles andere mehr. Damals, als die Apostel zu ihm riefen, hatte er ein Machtwort gesprochen und es trat eine große Stille ein. Und genau hier ist die Stelle, an der ich immer wieder hängen bleibe, denn wenn ich heute zu meinem Herrn um Hilfe rufe, dann legt sich kein Sturm und auch meine Krankheit und meine Not werden nicht von mir genommen. Dieses Evangelium vom Sturm auf dem See ist uns aber nicht als ein Beispiel überliefert, etwa in der Art: wie die Apostel zu Jesus gerufen haben und Rettung erlangten, so sollen auch wir zum Herrn beten, auf daß uns geholfen werde.

Das wäre sicher zu einfach und würde der Verkündigung des Evangeliums nicht gerecht werden; wäre das der Fall, dann gäbe es schon längst keine Nichtchristen mehr. Wir könnten uns dann aber auch nicht in unserem Glauben an Gott bewähren und Geduld und Ausdauer, Treue und Vertrauen wären keine Tugenden mehr. Heute würde uns aber wahrscheinlich Jesus vor einem Gottesbild warnen, das ihn wie einen Automaten sieht, in dem man seine Gebete und Anliegen eingibt und er dann automatisch für ihre Erhörung sorgen würde. Eine solche Vorstellung würde uns aber auch nicht glücklich machen, weil sie unser Herz nicht erfüllen könnte. Schon das Buch Ijob beschäftigte sich auf seine Art mit diesen Fragen und erst am

Ende, als Ijob die Größe Gottes neu erkannte, wurde er wieder mit Heil und Segen erfüllt.

Selbstverständlich sollen wir immer und in allen unseren Nöten zu Gott beten, das erwartet er sogar von uns und er hört auch auf unser Rufen und Flehen, aber wann, ob und wie er uns erhören will, das liegt in seinen Händen. Weiß ich denn, ob es für mich auch gut und hilfreich wäre, wenn er mich jetzt so erhören würde, wie ich es erbitte? Unser Glaube muß daher über unsere Not hinauswachsen, denn nur so können wir ihm unsere Hingabe und Liebe unter Beweis stellen. Im Glauben an ihn können wir unser Kreuz und Leiden annehmen und ertragen, gerade auch dann wenn wir es nicht verstehen. Der Sturm auf dem See will uns daher zeigen, daß Gott die Macht hat uns beizustehen, daß er dem Sturm Einhalt gebieten und uns aus unseren Nöten befreien kann. Aber er zeigt uns auch im Leiden und Sterben seines Sohnes am Kreuze, daß die Erlösung nicht am Tor des Todes vorbeiführt.

Die Errettung aus dem Sturm auf dem See dürfen wir aber trotz alledem selbst oftmals erfahren und wenn wir auf unser vergangenes Leben zurückblicken, werden wir uns gewiß an so manche Begebenheit erinnern, bei der wir uns sagen können, daß er uns in so manchem Sturm beigestanden und vor mancher Gefahr bewahrt hat. Dazu empfangen wir auch oftmals seine Hilfe, die uns zunächst gar nicht als solche bewußt wird. Es sind die Ereignisse bei denen er von vorneherein allen Schaden von uns ferngehalten hat; wie ein Vater oder eine Mutter ihr Kind vor so manchen Gefahren bewahrt. Im einzelnen mag das nicht nachzuweisen sein, aber mit dem Herzen kann man das erfassen. Ein wertvolles Beispiel dafür können wir in der Befreiung des Petrus aus dem Gefängnis sehen: Als Petrus sich seiner Errettung bewußt wurde, sagte er: „Nun weiß ich wahrhaftig, daß der Herr seinen Engel gesandt und mich der Hand des Herodes entrissen hat" (Apg 12,11).

Die Apostel haben jedoch nicht nur dieses eine Zeichen der Macht ihres Meisters erlebt, sondern sie haben die vielen Zeichen und Wunder mitverfolgt, die er während der ganzen Zeit seines öffentlichen Lebens getan hatte. Sie haben sein Leiden und Sterben und seine Auferstehung erlebt, aber erst nachdem sie den Heiligen Geist empfangen hatten, konnten sie in die Welt hinausziehen und seine Frohe Botschaft verkünden. Wir dürfen daher auch die Rettung der Jünger aus dem Sturm auf dem See nicht nur als ein einzelnes Zeichen Jesu verstehen, sondern alle diese Heilstaten zusammen hatte der Herr zu ihrem und unseren Heil vollbracht. Wir brauchen daher unseren Glauben an Jesus Christus nicht an einem einzelnen Wunder festmachen, denn die Frohe Botschaft in ihrer Gesamtheit ist für uns das Kriterium unseres Glaubens.

„Die Kirche schreitet zwischen den Verfolgungen der Welt und den Tröstungen Gottes auf ihrem Pilgerweg dahin und verkündet das Kreuz und den Tod des Herrn, bis er wiederkommt" (LG 8). Sie springt daher nicht wie ein Eichhörnchen auf dem Baum von Wunder zu Wunder, um so an den Gefahren und Hindernissen der Welt vorbei zu kommen, sondern sie durchlebt die Ungereimtheiten dieser Welt um sie auf diese Weise zu durchdringen und zu heiligen „bis der ganze Teig durchsäuert ist" (Lk 13,21). Unser Glaube macht sich an der Person Jesu Christi, dem Auferstandenen, fest und unser ganzes Leben ist eine Herausforderung unseres Glaubens in verschiedenen Abschnitten, in unterschiedlicher Intensität und zu verschiedenen Zeiten. Der Sturm auf dem See war für die Apostel nur ein Kapitel in ihrem Leben das sie und die ganze Kirche lehren sollte, wie man an Christus glauben und zu ihm rufen muß.

Christus ist in die Welt gekommen und in das Boot der Weltgeschichte eingestiegen; er ist der Erste und Wichtigste in diesem Boot und er ist immer unsichtbar bei uns und fährt mit uns zum anderen Ufer. Der Sturm auf dem See wiederholt sich bei einem jeden Einzelnen und ein jeder erlebt auf seine Weise wie sein Lebensschiffchen von den Urgewalten umhergetrieben wird. Er ist für uns daher kein blinder Zufall, sondern eine direkte Aufforderung sich an Jesus zu wenden und ihn um Hilfe und Rettung zu bitten. Aus diesem Grunde kann uns auch alles was uns im Leben begegnet ein Anlaß zum Gebet sein. Das ist dann auch genau das, was wir gelegentlich auch in der Predigt hören, daß man mit der Zeitung in der Hand oder mit den Nachrichten im Fernsehen ins Gebet gehen soll. So können wir unsere kleine und große Welt mit ins Gebet nehmen und sie vor unserem Herrn ausbreiten.

Bedenkt man diese Tatsache etwas länger und intensiver, dann kann einem plötzlich aufgehen, daß ich jetzt mit Jesus Christus im gleichen Boot sitze. Seine Nähe gibt mir daher Freude und Zuversicht und schenkt mir Trost und Frieden. Bin ich einmal zu dieser Erkenntnis gekommen, dann habe ich eine große Hürde überwunden denn dann ist mir dieser Jesus keine ferne und vage Gestalt mehr, sondern mein Freund und Bruder der mich ganz persönlich liebt und mich für immer begleiten will. Dann erscheint mir auch meine ganze Gottesverehrung in einem neuen Licht und ich kann mich über seine Gnaden und Gunsterweise von Herzen freuen. Aber wie einst die Jünger, so vergessen leider auch wir sehr schnell wenn der Sturm kommt und wir die Wellen sehen, daß der Herr mit uns im Boote ist und wir uns nicht zu fürchten brauchen.

Jesus sitzt also nicht nur mit mir im gleichen Boot, sondern er will mich durch alle Stürme des Lebens hindurch sicher zum anderen Ufer begleiten. Seine Fürsorge ist daher nicht nur passiv zu verstehen, im Gegenteil – sie ist im höchsten Maße aktiv, denn er hilft mir die Richtung einzuhalten und am anderen Ufer im sicheren Hafen anzulegen. Er ist es dann auch, der mich dort empfängt und mir eine Wohnung im Hause seines Vaters vorbereitet hat. (Joh 14,2) Dieser Sturm auf dem See zeigt mir dann auch, daß ich nicht allein mit Christus auf dem Weg zum anderen Ufer bin, sondern daß viele „andere Boote uns begleiten“. Auch das kann mir ein großer Trost sein, daß in meiner Sichtweite noch viele andere Boote dieselbe Richtung eingeschlagen haben und dem gleichen Ziel entgegen steuern.

Die eigentliche Mitte dieses Evangeliums ist also die Frage Jesu nach unserem Glauben und wenn wir an dieser Frage vorbei gingen, hätten wir den Sinn und Zweck dieses Sturmes auf dem See überhaupt nicht verstanden. Die Apostel hatten den ganzen Tag Jesus in Wort und Tat erlebt, aber bei diesem Sturm auf dem See war ihr Glaube gleich wieder wie weggeblasen. Ihr Glaube war noch nicht fest und sicher genug, denn sie hatten noch nicht den Heiligen Geist empfangen der sie im Glauben bestärken konnte. Ebenso ist auch unser Glaube an Christus immer noch entwicklungsfähig und wir sollen daher immer wieder den Heiligen Geist um seinen Beistand anrufen. Die beste Verwirklichung des Glaubens gelingt dem Gläubigen aber immer dann, wenn er sensibel ist für das Wirken des Heiligen Geistes und sich von ihm führen läßt.

Der Sturm auf dem See ist wahrscheinlich eines der Kapitel im Leben der Apostel die sie gewiß am meisten geprägt hat und in der Folge hat auch die Kirche dieses ihr Erlebnis immer wieder neu bedacht und verkündet, weil sie darin eine göttliche Wahrheit für alle gesehen hat. Es schildert allen mit ganz einfachen Worten was Glauben bedeutet und was dieser Glauben im Menschen bewirken soll. Den Sturm auf dem See muß aber ein jeder selbst erleben, denn keiner kann für einen anderen das Glauben übernehmen. In diesem Sturm ist mein Rufen echt und ungekünstelt und auch nur dann kann mir Christus zeigen, daß er auf mein Rufen hört. Die Kirche in ihrer Gesamtheit kann mir dabei bezeugen, daß dies ein gutes Gebet ist und daß es Gott in Gnaden annimmt; auch wenn mein Kreuzweg mit ihm auf Golgota enden sollte.

Der Sturm auf dem See ist nur schwerlich mit anderen Taten Jesu zu vergleichen; man kann aber in der Geschichte des Erzvaters Noah dafür ein entferntes Vorbild sehen. (Gen 6 ff) Wie einst Noah vor der Flut gerettet wurde, damit in ihm das Menschengeschlecht weiter bestehe, so haben auch wir alle über die Apostel und ihren Nachfolgern das neue Leben der Gnade empfangen. Mit Noah hatte Gott damals einen Bund geschlossen und ebenso sind auch die Apostel die Träger des Neuen Bundes geworden. Zusammen mit ihnen befinden wir uns auf dem schwankenden Schifflein Petri, aber wir alle haben die Verheißung Jesu, daß dieses Boot nicht untergehen wird. Mit Jesus Christus können wir daher trotz Wind und Wellen sicher zum anderen Ufer gelangen, zu unserer ewigen Heimat bei Gott.

Der Sturm auf dem See war also regelrecht notwendig, um den Aposteln die Pläne Gottes aufzudecken und sie für ihre späteren Aufgaben vorzubereiten. Wenn wir daher davon ausgehen, daß es bei Gott keinen Zufall gibt, dann ist gewiß auch diese Begebenheit als sorgfältig von ihm geplant zu verstehen. Darum muß auch der Sturm in dem wir uns manchmal befinden oft so gewaltig sein, daß wir davon aufgerüttelt werden und wir uns um Hilfe rufend an ihn wenden. So führt uns der Herr immer wieder in Situationen, die uns zeigen was er von uns erwartet; und wenn wir das auch nicht gleich beim ersten Male verstehen, so wird er es sogar auch mehrfach versuchen. Der Sturm auf dem See fegt dabei alles hinweg, was mir hinderlich ist und mir keinen Halt geben kann. Daher können wir Gott schließlich auch für den Sturm dankbar sein, auch wenn es uns schwerfällt dies einzugestehen.

Der Gang Jesu auf dem Wasser Mk 6,45 – 52

Gleich darauf forderte er seine Jünger auf, ins Boot zu steigen und ans andere Ufer nach Betsaida vorauszufahren. Er selbst wollte inzwischen die Leute nach Hause schicken. Nachdem er sich von ihnen verabschiedet hatte, ging er auf einen Berg, um zu beten. Spät am Abend war das Boot mitten auf dem See, er aber war allein an Land. Und er sah, wie sie sich beim Rudern abmühten, denn sie hatten Gegenwind. In der vierten Nachtwache ging er auf dem See zu ihnen hin, wollte aber an ihnen vorübergehen. Als sie ihn über den See gehen sahen, meinten sie, es sei ein Gespenst, und schrieen auf. Alle sahen ihn und erschraken. Doch er begann mit ihnen zu reden und sagte: Habt Vertrauen, ich bin es; fürchtet euch nicht! Dann stieg er zu ihnen ins Boot, und der Wind legte sich. Sie aber waren bestürzt und außer sich. Denn sie waren nicht zur Einsicht gekommen, als das mit den Broten geschah; ihr Herz war verstockt.

\+ + + + +

Die einzelnen Perikopen des Evangeliums sind in ihrer Beschaffenheit und Zielsetzung sehr verschieden. Darum gibt es so manche die man bevorzugt, die auch relativ leicht verständlich erscheinen und die man sich eher behalten kann; dann sind da aber auch eine ganze Reihe mit denen man sich schwer tut und deren Sinn und ihre Aussageabsicht sich nur nach längerem Studium, Überlegen und Beten erschließen. So ähnlich ist es auch bei diesem Abschnitt. Das vorausgegangene.Kapitel schildert uns die Speisung der Fünftausend und dabei ist die Intention und das Handeln Jesu unmissverständlich, aber hier ist so einiges dunkel und geheimnisvoll und man findet nur schwerlich einen Zugang dazu. Dennoch müssen wir uns ständig darum bemühen, daß uns die Betrachtung des Evangeliums zu einer lebendigen Begegnung mit Christus führt.

Soeben hatte Jesus die große Volksmenge gespeist und von den fünf Broten sammelte man noch zwölf Körbe mit Resten zusammen. Danach drängt er plötzlich seine Jünger, daß sie nach Betsaida ans andere Ufer des Sees fahren sollen. Er löste dann die große Versammlung auf und ging auf einen Berg, um zu beten. Der Evangelist Johannes berichtet noch dazu: „Da erkannte Jesus, daß sie kommen würden, um ihn zum König zu machen" (Joh 6,15), und darum wollte er sich wieder in die Einsamkeit zurückziehen. Diese neue Situation wollte er zuerst einmal selbst mit seinem himmlischen Vater besprechen um sich zu vergewissern, daß er alles nach seinem Willen getan hatte. Es muß ihm jedenfalls daran gelegen haben, möglichst bald mit ihm ins Gespräch zu kommen und ihm auch für dieses außergewöhnliche Zeichen zu danken. Die Stunden die er im Gebete mit ihm verbrachte, waren ihm besonders wertvoll denn aus ihnen schöpfte er die Impulse für sein weiteres Leben und Wirken.

Vielleicht erscheint uns Jesu Gebetseifer manchmal als etwas zu übertrieben dargestellt, denn da er ja doch Gottes Sohn ist, konnte sein Kontakt mit seinem himmlischen Vater nicht allzu schwierig gewesen sein. Da er aber auch ganz Mensch ist, war sein Beten von einer Natürlichkeit und Herzlichkeit geprägt, die uns noch heute faszinieren kann. Von seinem Beten können wir daher lernen, daß wir alles was um uns herum geschieht, in unser Gebet mit hineinnehmen können. Er hat sich jedenfalls regelmäßig Zeit zum Gebet genommen und das war sicher die größte Quelle seiner Freude und schenkte ihm den Frieden des Herzens. Das tiefste und ergreifendste Beispiel seines Betens geben uns die Evangelisten aber in seinem Gebet am Ölberg und in seinem Sterben am Kreuz. Dort werden seine inständigen Bitten zum Vater am bewegendsten geschildert und wir können hierbei einen kleinen Blick auf seine innige Beziehung zu ihm werfen.

In der Folge beginnen sich die merkwürdigen und geheimnisvollen Stellen dieses Evangeliums herauszuschälen: Spät am

Abend – das Boot war mitten auf dem See – Jesus war allein an Land – er sah wie sie sich abmühten – sie hatten Gegenwind. Dieses „spät am Abend“ ist hier nämlich keine nur unverbindliche Zeitangabe, sondern eine biblische Andeutung, daß etwas wichtiges vor der Türe steht. Es ist kurz vor der Nacht und alles deutet darauf hin, daß auf die Jünger eine besondere Erfahrung zukommt. Die junge Christengemeinde verglich sich damals auch öfters mit den Aposteln im Boot. Auch für sie war es spät am Abend, sie war allein und mitten auf dem See. Sie hatte die Sendung des Heiligen Geistes erfahren, sie war gestärkt im Glauben und sie übte die gegenseitige Liebe; aber sie sah sich auch plötzlich von einer feindlichen Umgebung und den Nachstellungen des Bösen bedroht. Das ist dann auch ein Bezugspunkt für den Christen zu allen Zeiten, der sich oft ähnlichen Gefahren ausgesetzt sieht.

Jesus schickt seine Jünger ans andere Ufer; er schickt aber nicht einen alleine, sondern alle zusammen. Die Kirche muß immer in ihrer Gesamtheit das andere Ufer ansteuern. Die Gläubigen dürfen also nicht nur im Boot der Kirche sitzen und sich gemütlich von den Wellen schaukeln lassen, sondern sie müssen stets das andere Ufer im Auge behalten, und das gerade auch dann wenn sie Gegenwind haben. Wer sich vom Geiste Gottes leiten läßt, der wird von ihm ständig zu neuen Ufern geführt. Der Jünger Christi muß dabei aber immer mit Gegenwind rechnen und gerade dann wird deutlich, wie leicht man dabei sich überfordert fühlen kann. Das ist der Moment in dem man Christus neu erkennen und ihn zu sich ins Boot bitten muß. Gerade die äußeren Umstände des Lebens sollen uns dazu verhelfen auf ihn zu schauen, damit wir von ihm allen Beistand und alle Hilfe erwarten und nicht zuviel auf unsere eigenen Kräfte und Fähigkeiten bauen.

Aber auch wenn das Boot mitten auf dem See ist, so sollte das noch niemanden Angst einjagen, denn viele der Jünger waren ja

Fischer und sie kannten ihr Handwerk zur Genüge. Zum anderen ist ein Boot eben dafür da, daß es die Insassen selbst bei ungünstiger Witterung sicher über den See bringt. Die ganze Szene wurde daher schon bald als ein treffliches Bild für die ganze Kirche angesehen. Sie ist mit den Gnaden und Wohltaten Gottes beschenkt, und sie befindet sich mit ihrem Glauben an den auferstandenen Christus mitten auf der hohen See der Weltgeschichte. Die Welt hat von ihrem Glauben an ihn Kenntnis genommen und sie wird deshalb von allen Seiten her angegriffen und bedrängt. Ebenso wird auch der Glaube eines jeden Einzelnen in Frage gestellt und er fühlt sich oftmals wie in einem kleinen Boot das sich auf hoher See befindet; in einem schwankenden Schiffchen zusammen mit seinen Schwestern und Brüdern.

In dieser Situation hat man dann selber oft das Gefühl, daß Jesus weit weg wäre, dem nichts anhaben kann und der wie von Ferne sich das alles ansieht. Man macht dabei die Erfahrung der Hilflosigkeit und Schutzlosigkeit und man möchte meinen, daß alles von Fall zu Fall nur noch schlimmer wird. Steht Jesus wirklich nur an einem fernen Ufer und schaut sich das in Sicherheit an? Könnte er seiner Kirche nicht doch öfters einen Lichtstrahl seiner Liebe und Güte schenken? Beim Studium der Kirchengeschichte hat man an vielen Stellen wirklich den Eindruck, daß Christus untätig oder abwesend zuschaut. Vor allem in den dunklen Passagen der Kirche oder der ganzen Menschheit würde man sich menschlich gesprochen mehr Unterstützung von ihm erhoffen. Ebenso ist auch das Ringen um Klarheit des Weges und die Erneuerung des Lebens der Kirche von so manchen Hindernissen und Rückschlägen begleitet.

Obwohl es dunkel war, so berichtet der Evangelist, sah er, wie sich die Jünger beim Rudern abmühten. Sein Sehen hat eine ganz andere Dimension, er sieht aber nicht obwohl es Nacht ist, sondern auch wenn es finster ist. Er sieht wie sie sich abmühen, auch wenn sie es nicht merken. Das ist die Innenseite des Glaubens und darauf dürfen die Jünger immer vertrauen, auch wenn es um sie herum dunkle Nacht ist. Das ist das erste Licht des Evangeliums, der Herr sieht auf seine Kirche mit liebendem Blick und keine Mühe und Sorge seiner Jünger bleibt seinem Auge verborgen. Die räumliche Ferne ist für ihn kein Hindernis, denn mit seiner göttlichen Liebe ist er immer bei den Seinen. Dieses Sehen Jesu in der Nacht der Kirche bewahrheitet sich vor allem in den Zeiten der Verfolgung der Kirche, in den Tagen da für den Gläubigen die Welt zusammen zu brechen droht. Dann muß er sich bewähren und sich seinen Verfolgern gegenüberstellen und ihnen gegebenenfalls auch „die andere Wange hinhalten" (Mt 5,39).

Wie die Jünger damals im Boot die ganze Nacht hindurch mit dem Gegenwind zu kämpfen hatten, so bleibt auch trotz des Wirkens des Heiligen Geistes und all der vielen geistlichen Hilfen und Gnaden ihr sichtbarer Erfolg oft sehr bescheiden. Überhaupt sollte man meinen, daß nach so langer Zeit, in der die Kirche nun schon besteht, die Verkündigung der Frohen Botschaft schon längst zur Vollendung gekommen sein müßte. Doch gerade auch hierbei muß man das Leben der Kirche mit den Augen des Glaubens betrachten. „Man kann nicht sagen: Seht, hier ist es!, oder: Dort ist es! Denn das Reich Gottes ist mitten unter euch" (Lk 17,21). Das Reich Gottes wächst in den Seelen der einzelnen Gläubigen und was man dabei nach außen hin sehen kann, das deckt sich nicht unbedingt mit seinem inneren Wachstum. Die Jünger merken ja auch nicht sofort um was es hier geht, sie kämpfen mit dem gegenwärtigen Augenblick und spüren nur den andauernden Gegenwind.

Dieser Bericht des Evangelisten ist eine Epiphaniegeschichte: Jesus erscheint seinen Jüngern um ihnen eine neue Erfahrung seiner Gegenwart zu schenken. Beim Wunder der Brotvermehrung haben sie ihn erlebt und gesehen wie alle die dabei waren satt geworden sind und daß sogar noch zwölf Körbe mit Resten übrig geblieben waren. Hier zeigt er sich ihnen als der Herr über die Gewalten der Natur und die Mächte der Finsternis. Diese Geschichte ist aber nur im Lichte seiner späteren Auferstehung vollends zu verstehen, denn sie ist der Schlüssel zu allem, was die Jünger mit ihrem Herrn zusammen erlebten. Aus diesem Grunde können wir aber auch heute noch an der Erfahrung der Jünger teilhaben und ihre Erlebnisse als Beispiele in unser Leben einbauen, denn sie sind uns wie alle Hl. Schriften „zur Belehrung und zur Besserung des Lebens gegeben" (2 Tim 3,16).

Die inhaltliche Mitte dieser Geschichte ist jedoch der Bericht über das Gehen Jesu über den See. Er ist uns ein Hinweis dafür, daß Jesus wirklich alles kann und daß die verschiedenen Gegebenheiten der Natur ihm nicht im Wege stehen können. An dieser Stelle sollten wir aber nochmals auf den Beginn seines öffentlichen Lebens schauen, hier wurde uns in drei Szenen seine Versuchung geschildert. Dies alles wäre ihm also ohne weiteres möglich gewesen, doch er war sich bewußt, daß er seine Allmacht nur im Einklang mit dem Willen seines himmlischen Vaters gebrauchen durfte. Der Gang über das Wasser ist von Jesus aus gesehen daher eigentlich kein Wunder, denn er offenbart den Jüngern nur seine göttliche Macht. Wie die Jünger aber in der Mitte des Sees plötzlich mit seiner Gegenwart beschenkt wurden, so können sich auch alle nachkommenden Gläubigen daran aufrichten und Hoffnung und Vertrauen aus ihr schöpfen.

Der Evangelist vermittelt uns aber nicht, wie lange Jesus für seinen Gang über das Wasser brauchte, denn das würde nicht der Glaubensverkündigung dienen. Ja er wollte sogar am Boot der Jünger vorübergehen und das zeigt uns, daß es ihm nur darauf ankam, daß sie seine uneingeschränkte Macht als Sohn Gottes erkennen würden. Es überrascht uns vielfach, wie lange die Jünger brauchten, bis sie sein wirkliches Wesen recht erkannt hatten. Die Zeit seines öffentlichen Lebens reichte ihm schließlich nicht aus, um sie in alle Wahrheit einzuführen, darum erfüllte er sie später auf eine ganz neue Weise mit seinem Heiligen Geist. Aber auch wir selbst haben ihn zumeist noch nicht recht begriffen und verlieren uns oft in allerlei Spekulationen und ein echtes Leben aus dem Glauben gelingt uns meist nur Ansatzweise.

Für Jesus war der Gang über das Wasser also keine besondere Leistung, er war aber ganz darauf ausgerichtet, seinen Jüngern den Glauben an ihn zu vermitteln. Dieses Wunder war nur für sie allein bestimmt, ohne daß es die vielen Menschen die bei der Brotvermehrung dabei gewesen waren erlebten; es war ein Geschenk nur für sie. Jesus geht aber auch heute noch für einen jeden von uns über das Wasser, denn er ist immer bereit auch für uns im gegebenen Falle außergewöhnliche Wege zu gehen, um unseren Glauben zu bestärken. Er lenkt unser Leben und läßt für uns seine Vorsehung walten, er macht uns Mut, schenkt uns Vertrauen und bewahrt uns vor so manchem Übel. Seine große Vision und Leidenschaft ist unser Leben aus dem Glauben und dafür ist er bereit sich dem Vater hinzugeben, damit wir das ewige Heil erlangen.

Noch heute sind wir verwundert, daß die Jünger damals so schreckhaft reagierten als sie Jesus über den See kommen sahen. Sie glaubten ein Gespenst zu sehen, denn bis dahin war dies noch keinem möglich, und die Macht ihres Meisters war ihnen noch nicht voll bewußt. So ähnlich reagieren aber viele Menschen auch heute noch, denn sie erkennen ihren Heiland und Erlöser nicht, weil ihnen der Glaube an seine Auferstehung in Wirklichkeit fehlt. Darum lassen sie ihn vielfach auch selbst in ihrer größten Not an ihrem Lebensschiffchen vorbeigehen und rufen ihn nicht einmal um Hilfe an. Er aber begann von sich aus mit den Jüngern zu sprechen und er stieg zu ihnen ins Boot; und wie von selbst lösten sich ihre vielen Probleme. Es legte sich der Wind und er verschaffte ihnen auf diese Weise eine Verschnaufpause, daß sie ihre augenblickliche Situation neu überdenken konnten.

Das heißt nun aber nicht, daß für sie alle Probleme des Lebens gelöst wären, sondern der Mensch hat mit Jesus im Boot jetzt ganz andere Voraussetzungen; sein Leben ist von da an mit einer tiefen Sinnhaftigkeit erfüllt und er kann sein ganzes Vertrauen auf Christus, seinen Herrn, setzen. Die Schwierigkeiten des Lebens kann er jetzt in einem ganz anderen Lichte sehen und den Wert einer Sache in Bezug auf das Reich Gottes beurteilen. Er bekommt einen Blick dafür, was vor Gott heilig ist und Bestand hat. Die Stürme des Lebens werden wieder an Kraft zunehmen, aber das Fundament seines Hauses ist nun auf den unerschütterlichen Fels des Glaubens an ihn gebaut. Zudem kann er inzwischen auch auf eine Vielzahl von Vorbildern aus allen Jahrhunderten blicken, die den Weg zu Gott vorausgegangen sind und an denen er sich orientieren kann. Sein eigener Weg des Glaubens ist dabei allerdings unersetzlich, denn keiner kann für den anderen glauben.

Jesus spricht dann zu seinen Jüngern: „Fürchtet euch nicht". Dieses Wort wird in der Hl. Schrift immer dann überliefert, wenn Gott mit einem Menschen in Kontakt tritt. Es steht daher immer am Beginn einer Gottesoffenbarung und nimmt ihm die Angst und Furcht vor seiner Größe und Heiligkeit. Er will ihm damit zeigen, daß er es gut mit ihm meint und daß er ihm sein Heil schenken will. In diesem Falle kann das dann heißen: ich will euch für immer ganz nahe sein und euch aus euerer Ungewißheit herausführen. Dieses „Fürchtet euch nicht" richtet er daher auch ständig an uns, daß wir ihm Vertrauen und ihm unsere Not und unsere Sorgen offenlegen. Dieses Wort ist wie ein Schlüssel der den Zugang zu den Geheimnissen Gottes erschließt. Es führt den so angesprochenen Menschen zur Liebe Gottes und schenkt ihm die Gnade ein Kind Gottes zu sein.

Die Jünger hatten das Wunder der Brotvermehrung erlebt, aber die Einsicht in die Tragweite dieses Wunders fehlte ihnen noch ganz und gar. Alle die Wunder Jesu, seine Heilstaten, und sein Leiden und Sterben werden erst durch seine Auferstehung und durch die Sendung des Heiligen Geistes verständlich. Daher kann man die Taten Jesu auch immer auf zweierlei Weise betrachten: einmal in der Sicht der Jünger zum Zeitpunkt des Geschehens und zum anderen mit ihrer Einsicht nach der Sendung des Heiligen Geistes. Das sind dann auch die beiden Möglichkeiten in denen sich die Christen noch heute bewegen: wenn in ihnen die Gnaden des Heiligen Geistes noch schlummern und sie noch nicht zum Leben in seiner Liebe erweckt sind; und in den anderen in denen der Heilige Geist ungehindert wirken kann.

Der Schluß dieses Kapitels nimmt noch einmal ganz ausdrücklich Bezug auf das Wunder der Brotvermehrung. Die Jünger konnten mit diesem Wunder noch nicht viel anfangen, weil ihnen die Einsicht in die Größe Jesu fehlte. So hängen diese beiden Berichte, die Brotvermehrung und der Gang Jesu über den See doch insofern zusammen, als sie in beiden Fällen die Einsicht über das wahre Wesen Jesu voraussetzen. Erst wenn ich an Christus als den wahren Gott und wahren Menschen glaube, kann ich ihn auch richtig verstehen. „Die Kirche bekennt so, daß Jesus untrennbar wahrer Gott und wahrer Mensch ist. Er ist wirklich der Sohn Gottes, Mensch geworden, unser Bruder, und dies ohne aufzuhören, Gott, unser Herr zu sein“ (KKK 469).

Die Verklärung Jesu Mk 9,2 – 8

Sechs Tage danach nahm Jesus Petrus, Jakobus und Johannes beiseite und führte sie auf einen hohen Berg, aber nur sie allein. Und er wurde vor ihren Augen verwandelt; seine Kleider wurden strahlend weiß, so weiß, wie sie auf Erden kein Bleicher machen kann. Da erschien vor ihren Augen Elija und mit ihm Mose, und sie redeten mit Jesus. Petrus sagte zu Jesus: Rabbi, es ist gut, daß wir hier sind. Wir wollen drei Hütten bauen, eine für dich, eine für Mose und eine für Elija. Er wußte nämlich nicht, was er sagen sollte; denn sie waren vor Furcht ganz benommen. Da kam eine Wolke und warf ihren Schatten auf sie, und aus der Wolke rief eine Stimme: Das ist mein geliebter Sohn; auf ihn sollt ihr hören. Als sie dann um sich blickten, sahen sie auf einmal niemand mehr bei sich außer Jesus.

\+ + + + +

Dreimal suchte sich Jesus die drei Jünger Petrus, Jakobus und Johannes aus, um ihnen eine besondere Gnadenstunde zu schenken. Wie bei der Auferweckung der Tochter des Jairus und bei seinem Gebet am Ölberg, nahm er hier nur diese drei Jünger mit auf den Berg, um sie schon jetzt in seine einzigartige Beziehung zu seinem himmlischen Vater einzuführen. Die Verklärung ist die Mitte und der Höhepunkt des öffentlichen Lebens Jesu und sie bezeichnet die Wende in seinem Wirken, denn von da ab macht er sich zielstrebig auf den Weg nach Jerusalem. Diese drei Apostel sollen einmal die wichtigsten Zeugen seines Reiches sein und dafür werden sie besonders geschult und vorbereitet. Diese drei Jünger führt er auf einen hohen Berg, um sie tiefer in die Geheimnisse seines göttlichen Wesens einzuweihen. So bereitet er sie auf die kommenden Ereignisse vor, damit sie später einmal die ganzen Zusammenhänge des göttlichen Wirkens besser verstehen und ihrer Aufgabe im Reiche Gottes gerecht werden können.

Jesus steht auf dem Höhepunkt seines Lebens und von jetzt an wendet er sein ganzes Augenmerk auf den Weg nach Jerusalem, weil er dort seine Sendung als Messias vollenden wird. An dieser Stelle überliefert uns der Evangelist die Verklärung Jesu, die daher die geistige Mitte seines öffentlichen Lebens ist. Sie unterscheidet sich ganz wesentlich von allen anderen Taten und Begebenheiten im Leben Jesu und die Theologen bezeichnen sie als Theophaniegeschichte, die nur dem gläubigen Beter ihre Tiefe und ihren Sinn erschließt. Sie ist eine ganz besondere Art der Gottesoffenbarung und daher ist sie auch nicht ohne weiteres mit den anderen Überlieferungen der Evangelien zu vergleichen. Um dieses Ereignis einigermaßen zu erfassen, muß man es daher in liebender Verehrung betrachten und darf nicht bei einer bloßen Deutung der äußeren Umstände stehen bleiben.

Die Verklärung Jesu ist also kein Heilungswunder, kein Gleichnis oder Beispiel und sie läßt sich auch nicht einfach in die Kategorie von Belehrung oder Ermahnung einordnen. Sie ist eine einmalige Präsentation der eigentlichen Seinsweise Jesu und eine Vorwegnahme seiner Herrlichkeit, die ihm als Sohn Gottes im Fleische zu eigen ist. Aus diesem Grunde sind auch die von den Evangelisten gebrauchten Ausdrücke und Beschreibungen nur die besten Versuche, seine Herrlichkeit zu deuten und das unfaßbare Ereignis in wenigen Worten wiederzugeben. In der ganzen Heilsgeschichte gibt es keine vergleichbare Theophaniegeschichte, denn hier zeigt sich Jesus der geliebte Sohn Gottes in der ihm in alle Ewigkeit zukommenden Seinsweise.

„Er wurde vor ihren Augen verwandelt“, wir können uns das alles gar nicht richtig vorstellen und wenn wir es versuchen sollten, werden wir von den anderen nur allzuleicht als Phantasten hingestellt. Die Verklärung zeigt uns den glorreichen Zustand Jesu, der mit Leib und Seele, mit Gottheit und Menschheit in Ewigkeit vor seinem himmlischen Vater steht. Es ist aber noch nicht der verklärte Leib der Auferstehung und er trägt noch nicht die Male der Nägel und die Wunde der Seite an sich. Es ist als ob der Vater im Himmel es nicht erwarten konnte, seinen vielgeliebten Sohn in voller Herrlichkeit zu sehen. Daher schenkt er ihm für diese Stunde die Verklärung, um so seine Gottessohnschaft vor der ganzen Schöpfung zu bezeugen. Auf diese Weise wurde seine ewige und uneingeschränkte Macht und Größe sichtbar, bevor er sich durch sein Leiden und Sterben erniedrigte.

Daß die drei Apostel diese Stunde miterleben durften, war für sie eine ganz besondere Gnade und sie haben sicher ihr ganzes Leben lang diesen Augenblick in heiliger Erinnerung gehalten. Die Verklärung Jesu bewirkte bei ihnen aber zuerst einmal Furcht und Sprachlosigkeit und die war so intensiv, daß sie auch später nur relativ wenig davon berichten konnten. Sie sind in eine ganz andere Welt hineingetaucht worden, die von unserem gewöhnlichen Leben total verschieden ist. Jesus, ihr Meister, ist auf einmal ganz verwandelt und er leuchtet in einem Licht, das ihnen bisher vollkommen fremd war; alles strahlt an ihm und es liegt ein Glanz auf ihm der nur von Gott stammen konnte. Der Himmel hatte die Erde berührt und alle die in dieses Geschehen mit hineingenommen waren, erlebten diese außergewöhnliche Stunde.

Der Evangelist spricht von einem hohen Berg auf dem sich die Verklärung zugetragen hat; der Sinai ist für ihn dabei das große Vorbild, denn dort ist Gott mit Mose in Kontakt getreten. Hier auf diesem Berge findet jetzt die Bestätigung und Erfüllung des Alten Bundes statt und Mose und Elija bezeugen daß Jesus der von ihnen prophezeite Messias ist. An der Stelle der Verkündigung der Zehn Gebote Gottes hören die Apostel nun die Stimme aus der Wolke: „Dies ist mein geliebter Sohn; auf ihn sollt ihr hören". Der allmächtige Gott bestätigt mit seinem Wort alle bisherigen Gesetze und Gebote und weist auf die Erfüllung aller Verheißungen hin. „Als die Zeit erfüllt war, sandte Gott seinen Sohn, damit er die freikaufe, die unter dem Gesetz stehen und damit die Sohnschaft erlangen" (Gal 4,4).

Drei Punkte bestimmen die weitere Abfolge der Verklärung Jesu: das Erscheinen von Mose und Elija, das Wort des Petrus über den Bau der drei Hütten und die Stimme aus der Wolke. Die beiden größten Vertreter des Alten Bundes erscheinen plötzlich und reden mit Jesus. Allein schon das Auftreten dieser beiden Gestalten des Alten Testamentes stellt die außergewöhnliche Tatsache der Verklärung Jesu heraus und zeigt uns die Einmaligkeit dieser Stunde. Der Evangelist Lukas berichtet dazu: „Sie redeten mit Jesus über sein Ende, das sich in Jerusalem erfüllen sollte". Ohne Mose und Elija gäbe es das Volk Israel in dieser Weise nicht; sie haben jeweils zu ihrer Zeit dazu beigetragen, daß sich Gott diesem Volk offenbaren konnte. Sie waren die Wegbereiter und treuen Diener des Gottes Abrahams und durch sie ist dem Volk Israel die Weisung des Herrn geschenkt worden.

Sie wissen schon Bescheid über das Wesen des Gottessohnes und sind in den Plan der Erlösung eingeweiht. Sie dürfen jetzt die Erfüllung der Prophezeiungen des Alten Testamentes erleben und sind ganz auf diese Stunde hin ausgerichtet. Wollen sie den Herrn in seinem Weg nach Jerusalem bestärken, oder ihm schon jetzt für die kommende Erlösung der Menschheit danken? Man muß wohl davon ausgehen, daß die drei Apostel von dem Gespräch des Mose und Elija mit Jesus nicht viel mitbekommen haben, da ihnen noch das Verständnis für Jesu Leiden und Sterben fehlte. Auf der anderen Seite müssen sie diese beiden Vertreter des Alten Bundes ohne Schwierigkeiten erkannt haben. Es ist dabei aber zu bedenken, daß sie nicht mit den drei Aposteln sprechen, denn sie haben ihnen nichts wesentliches zu sagen; für sie ist Christus allein zuständig. Aber die beiden Zeugen des Alten Testamentes dürfen schon jetzt den Erlöser schauen, dessen Kommen sie vorbereitet haben.

„Mose und Elija redeten mit Jesus“, sie begegneten sich wie Freunde und sie müssen sich glücklich geschätzt haben, daß sich das Heil der Welt endlich erfüllt. Bei der Verklärung Jesu ist es das einzige Mal, daß Vertreter des Alten Bundes in Erscheinung treten und mit Jesus reden. Sie dürfen ihn sehen, den sie prophezeit haben und dessen Kommen das ganze Volk Israel sehnlichst erwartete. Die Verklärung Jesu ist aber zuerst einmal ein Fest des Himmels, und sie versetzt alle in Jubel, Dank und Anbetung. Sie ist die feierliche Proklamation des himmlischen Vaters vor der ganzen Schöpfung, die sich in der Stimme aus der Wolke kundtut. Die drei Apostel durften diese Stunde wie als Zuschauer miterleben, damit sie später einmal die ganze Fülle des Heils erfassen würden. Alle die Zeichen und Wunder die sie bisher erleben durften, waren Zeugnisse dafür, daß er der Sohn Gottes ist und hier erfahren sie die göttliche Bestätigung dafür.

Wir können es nur ahnen, wie der Himmel diesen Tag feierte und wie sich die Freude über die kommende Erlösung entfachte. Für die drei Apostel war das eine ganz besondere Gottesbegegnung. „Sie waren vor Furcht ganz benommen“, denn dieses Geschehen hatte sie ganz in seinen Bann gezogen. Sie waren in die Rolle des Zuschauers versetzt und verfolgten wie in Trance was da vor sich ging. Das erste Phänomen dabei war, „daß Jesu Gewand strahlend weiss wurde, wie kein Bleicher es machen kann“. Es ist das Licht Gottes, das hier durchscheint und seine Herrlichkeit verkündet. Die Apostel sind schlichtweg überfordert und nur mühsam finden sie sich in dieser anderen Welt zurecht. So ähnlich geht es dabei auch uns und obwohl wir schon Jesu Gottessohnschaft im Lichte des Heiligen Geistes erkannt haben, tun wir uns schwer, die Bedeutung der Verklärung Jesu einzuschätzen.

Petrus hatte sich dann irgendwie bald gefangen und er machte Jesus den Vorschlag: „Wir wollen drei Hütten bauen, eine für dich, eine für Mose und eine für Elija. Er wußte nämlich nicht, was er sagen sollte". Er hatte etwas außergewöhnliches erlebt und er reagierte ganz spontan, er war der Meinung, jetzt müsse etwas geschehen. Er redete einfach drauf los, ohne lange nachzudenken. Irgendetwas hatte ihm dabei aber noch gefehlt. Erst der Heilige Geist macht den Menschen dazu fähig, das Rechte zu erkennen und zu vollbringen. Solange er sich aber nur auf seine eigenen Eingebungen verläßt, kann nicht viel geistvolles dabei herauskommen. So ähnlich kann es auch uns gehen, wenn wir etwas besonderes erleben dürfen, dann platzen wir mit übereilten und unüberlegten Gedanken dazwischen. Petrus will drei Hütten bauen, um diesen wunderbaren Augenblick festzuhalten und um diese drei zum Bleiben zu bewegen. Sein Temperament war mit ihm durchgegangen und er konnte die Größe des Augenblicks nicht einschätzen.

Unser Leben mit Christus weist manchmal solche ähnlichen Grundzüge auf. Unsere Gedanken verlieren sich schnell in Phantasien und die Realität des Lebens im Glauben wird dadurch in Frage gestellt. Natürlich ist es leichter drei Hütten zu bauen, als zu erfassen daß Jesus bald in Jerusalem leiden und sterben sollte. Wie diese Hütten zum angenehmeren verweilen einladen wollen, so sind auch wir immer darauf bedacht, auf den natürlichen Schutz unserer eigenen Hütten zu vertrauen. Bei allen möglichen Begebenheiten lehrt uns aber Jesus, daß das kommende Reich Gottes von ganz anderer Natur ist und wir sollen immer „zuerst das Reich Gottes suchen" (Mt 6,33). Diese Erfahrung des Petrus machen wir auch öfters selbst; wenn wir z. B. ein festliches Ereignis begehen, dann wollen wir die großen Augenblicke am liebsten festhalten; damit sie nicht unseren Händen entgleiten; aber wie sie gekommen sind, so sind sie uns auch schnell wieder entglitten und es bleibt uns nur die Erinnerung daran.

Nur ganz kurz hatte Petrus gesprochen und jetzt erfolgt der eigentliche Höhepunkt der Theophanie, es kommt die Wolke, die ihren Schatten auf die Apostel wirft und sie hören die Stimme aus der Wolke. Das Alte Testament berichtet vielfach von einer Wolke; sie ist geheimnisvoll und zugleich unheimlich und sie ist ein Zeichen der besonderen Gegenwart Gottes. In der Geschichte des Noah setzt Gott einen Bogen in die Wolken als ein Zeichen des Friedensbundes, den er mit ihm geschlossen hatte. Im Buch Exodus wird dann mehrfach von einer Wolke berichtet: als das Volk Israel aus Ägypten auszog und durch die Wüste wanderte und dann am Sinai, als der Herr dem Mose die Zehn Gebote gab. In der Folge wird dann vor allem in den Psalmen und bei den Propheten von der Gegenwart Gottes in der Wolke gesprochen, um die Israeliten an die Großtaten Gottes zu erinnern. Die Stimme aus der Wolke ist daher gewissermaßen die göttliche Bestätigung des Alten Testamentes und zugleich die Einführung des Neuen Bundes.

Die Stimme aus der Wolke rief: „Das ist mein geliebter Sohn; auf ihn sollt ihr hören". Genau diese Stimme aus dem Himmel war auch bei der Taufe Jesu zu hören: „Du bist mein geliebter Sohn, an dir habe ich Gefallen gefunden" (Lk 3,22). Ebenso berichtet auch der Evangelist Johannes von der Stimme aus dem Himmel bei der letzten öffentlichen Rede Jesu: „Ich habe ihn schon verherrlicht und werde ihn wieder verherrlichen" (Joh 12,28). Die Wolke ist dann auch ein Zeichen für die Wiederkunft des Herrn: „Dann wird man den Menschensohn mit großer Macht und Herrlichkeit auf den Wolken des Himmels kommen sehen" (Mt 24,30). Mit der Stimme Gottes wird dann auch Jesus selbst auftreten: „Die Stunde kommt, und sie ist schon da, in der die Toten die Stimme des Sohnes Gottes hören werden" (Joh 5,25). Gleichermaßen dürfen wir uns auch schon jetzt darauf einstellen, daß wir einmal voll Sehnsucht und Freude diese Stimme des geliebten Sohnes Gottes hören und zur ewigen Seligkeit auferstehen werden.
Das Neue Testament kennt jedoch noch viele andere Bilder unter denen die Gegenwart Gottes gesehen wird. An die Stelle der

Furcht vor Gott treten dabei aber die göttlichen Tugenden von Glaube, Hoffnung und Liebe, die den Gläubigen ganz durchdringen sollen. Einige Zitate aus der Apostelgeschichte können das belegen: „Brannte nicht unser Herz?“ „Alle wurden mit dem Heiligen Geist erfüllt“ und „Die Hand des Herrn war mit ihnen“. Auf ähnliche Weise bezeugt auch die Kirche selbst, daß sie viele verschiedene Arten der Gegenwart Gottes kennt. „Christus ist seiner Kirche immerdar gegenwärtig, besonders in den liturgischen Handlungen. Gegenwärtig ist er im Opfer der Hl. Messe sowohl in der Person dessen, der den priesterlichen Dienst vollzieht, wie vor allem unter den eucharistischen Gestalten. Gegenwärtig ist er mit seiner Kraft in den Sakramenten, gegenwärtig ist er in seinem Wort und schließlich ist er gegenwärtig wenn die Kirche betet und singt“. (SC 7)

Das Alte Testament ist dadurch gekennzeichnet, daß sich Gott immer wieder auf verschiedene Weise dem Volk Israel offenbart; daß er in ihm wirkt und daß er das Volk auf den Messias hin vorbereitet. Für das Neue Testament ist es aber charakteristisch, daß alle Weisungen und Belehrungen, Gleichnissen und Wunder durch Jesus Christus erfolgten, daß er den Gläubigen den Heiligen Geist gesandt hat und daß sie zur Gemeinschaft der Kirche geführt wurden. Das alles kann man aus diesem Wort Gottes heraushören, das uns die Stimme aus der Wolke zuruft: „auf ihn sollt ihr hören“. Sie weist ganz eindeutig auf Jesus Christus, den Sohn des himmlischen Vaters, hin, der aller Welt die Frohe Botschaft verkündet. Jesus offenbarte dann auch später seinen Aposteln selbst: „Ich bin der Weg, die Wahrheit und das Leben“ (Joh 14,6). So präsentiert er sich als der sichere Weg zu Gott seinem himmlischen Vater, und er ist uns auf diesem Weg auch selbst vorausgegangen.

Die Verklärung Jesu war für die drei Apostel eine Sternstunde ihres Lebens und ebenso dürfen auch wir hin und wieder auf solche einmalige Stunden hoffen, die uns die Macht und Liebe

Gottes deuten. Dieses Evangelium geht daher auch alle etwas an und ein jeder ist dazu eingeladen, mit Jesus auf den Berg zu gehen um dort seine Herrlichkeit zu sehen. Darum galt diese Stimme aus der Wolke nicht nur diesen drei Aposteln, sondern sie ist an alle gerichtet und einem jeden ruft Gott zu: „auf ihn sollt ihr hören". Das Erlebnis der Verklärung Jesu ist ein ganz besonderes Geschenk an die drei Jünger und auf ähnliche Weise will er alle seine Brüder und Freunde beschenken. Eine solche Stunde ist vergleichbar mit der Stunde in der sich ein Mensch seiner Liebe zu einem anderen bewußt wird; sie öffnet sein Herz für den Geliebten und läßt ihn vor Freude jubeln.

Die Verklärung Jesu will daher auch für uns alle zu einer Theophanie, einer Gotteserfahrung werden und die Erinnerung daran kann uns das ganze Leben hindurch begleiten. Solche Stunden der Verklärung sind Zeiten der Erleuchtung und des Trostes, der Heiligung und der Gotteserkenntnis und mit ihrer Hilfe können wir gestärkt unseren Glaubensweg gehen. Sie sind für uns aber nicht machbar, so als ob man sie nach Belieben abrufen könnte; es ist allein Gottes Sache, wie und wann er uns diese Gnaden schenken will. Wenn er uns aber einlädt mit ihm auf den Berg zu gehen, dürfen wir keine Müdigkeit oder Gleichgültigkeit zeigen. Dieser hohe Berg ist jedoch unbewohnt und niemand kann daher dauernd im Lichte dieser Wolke verweilen. Er muß danach immer wieder mit Christus seinem Herrn ins Tal hinabsteigen und mit ihm den Weg nach Jerusalem pilgern.

Der Rangstreit der Jünger Mk 9,33 – 37

Sie kamen nach Kafarnaum. Als er dann im Haus war, fragte er sie: Worüber habt ihr unterwegs gesprochen? Sie schwiegen, denn sie hatten unterwegs miteinander darüber gesprochen, wer von ihnen der Größte sei. Da setzte er sich, rief die Zwölf und sagte zu ihnen: Wer der Erste sein will, soll der Letzte von allen und der Diener aller sein. Und er stellte ein Kind in ihre Mitte, nahm es in seine Arme und sagte zu ihnen: Wer ein solches Kind um meinetwillen aufnimmt, der nimmt mich auf; wer aber mich aufnimmt, der nimmt nicht nur mich auf, sondern den, der mich gesandt hat.

\+ + + + +

Um die Aussagen der Bibel recht zu verstehen, ist es oftmals hilfreich, sie unserem heutigen Sprachgebrauch anzupassen. Dann würde es wahrscheinlich nicht mehr heißen „Wer ist der Größte von uns?", sondern „Wer hat es verstanden sich in den Vordergrund zu drängeln und wer hat die beste Karriere gemacht?". Wir müssen jedoch schon gleich zu Beginn feststellen, daß viele Menschen heute im Allgemeinen überhaupt nicht daran interessiert sind, bei Jesus der Größte zu sein. Dieses Desinteresse hängt zum größten Teil damit zusammen, daß uns allen nicht mehr die Größe und Herrlichkeit des Reiches Gottes bewußt ist. Die Jünger aber erlebten ihren Meister, wie er tagtäglich darüber sprach und predigte und daher ist es nur zu verständlich, daß jeder von ihnen in seinem Reiche einmal einen der ersten Plätze einnehmen wollte. Das ging sogar so weit, daß die Mutter des Jakobus und Johannes selbst beim Herrn für ihre Söhne vorstellig wurde, um ihnen die besten Plätze zu verschaffen.

Der Evangelist Matthäus fixiert die diesbezügliche Frage der Jünger noch eindeutiger: „Wer ist der Größte im Himmelreich?" Wir haben davon jedoch zumeist nur ganz vage Vorstellungen und wir sagen gerne mit einer buckligen Demut: „Wenn ich nur irgendwie noch in den Himmel hineinkomme, dann ist mir das schon genug." Wir sind in unserem religiösen Leben Minimalisten geworden und es ist uns gleich, wie gut unsere Verbindung mit Christus ist; aber was ist das für eine Liebe, die von vorneherein auf ein Minimum dosiert wird und die nicht für eine größere Verbindlichkeit mit dem Geliebten offen ist? Kann sich eine wahre Liebe aber mit Halbheiten zufrieden geben? Wenn wir unsere Liebe aber gleich zu Beginn schon eingrenzen, so kann sich das auch im Himmelreich auswirken. „Nach dem Maß, mit dem ihr meßt und zuteilt, wird euch zugeteilt werden" (Mt 7,2). Gott ist zwar niemals kleinlich, aber wer nur mit einem flachen Teller zu ihm kommt, wie kann der eine große Schüssel voll erhalten?

Die Frage Jesu an die Jünger „Worüber habt ihr unterwegs gesprochen?" klingt wie die eines Schulmeisters. Er unterbricht aber nicht sogleich die Überlegungen der Apostel und läßt sie zuerst einmal sich selbst ihre Gedanken darüber machen. Doch muß er dann leider feststellen, daß sie dabei nicht von selbst zu dem Ergebnis gekommen sind, zu dem er sie hinführen will. In jedem Falle geht es ihm darum, daß sie die Wesensart des Reiches Gottes verstehen lernen und sich die Mentalität aneignen, die bei Gott ankommt. Wenn wir über das Sein und Wesen Gottes nachsinnen, dann haben wir in den Superlativen unserer Welt eine geeignete Möglichkeit etwas über ihn auszusagen: Er ist allmächtig, allgegenwärtig, unendlich und ewig. Es würde uns aber nicht im Traum einfallen, das Kleine und Unbedarfte, das Schwache oder Kindhafte mit ihm in Verbindung zu bringen.

Das erweckt in uns die Frage: *Warum ist Gott so ganz anders, als wir ihn uns vorstellen können?* Wir erkennen sein Dasein zwar schon aus den Dingen der Natur, jedoch ist unser Blick auf ihn durch die Erbsünde geschmälert und verdunkelt. Um daher unser Bild von Gott wieder zurechtzurücken und zu erhellen ist Gott selbst in Jesus Christus Mensch geworden. So können wir jetzt im Lichte des Heiligen Geistes nicht nur seine Größe und Herrlichkeit, sondern auch seine Erniedrigung erahnen. Zum Ende dieser Betrachtung über den Rangstreit der Jünger sollte daher die Einsicht in uns gewachsen sein, daß Jesus selbst das Kind in der Mitte der Jünger ist, das er ihnen als Beispiel vor Augen stellte. Der Rangstreit über die ersten Plätze im Reiche Gottes ist aus diesem Grunde nicht nur unangebracht sondern auch irreführend. Vor seinem Angesichte haben daher keine Ambitionen auf einen Ehrenplatz Bestand; aber er will uns eine Wohnung im Hause seines Vaters bereiten (Joh 14,2).

Als Jesus die Apostel berufen hatte, da berücksichtigte er gewiß auch ihre Vorzüge und Eigenarten: z. B. bei Petrus, der spontan und ehrlich war, der aber auch sehr wechselhaft sein konnte; die Brüder Jakobus und Johannes, die er sogar wegen ihres stürmischen Temperamentes Donnersöhne nannte oder den Nathanael, den er einen wahren Israeliten nannte. So hatte jeder seine positiven und negativen Seiten und jeder war auf seine Art geeignet sein Apostel zu werden. Dennoch mußten ihre Gaben und Fähigkeiten erst noch entwickelt werden, damit sie für ihren Dienst als Apostel gerüstet waren, denn aus sich heraus war keiner dafür qualifiziert. Jesus will ihnen daher deutlich machen, daß er seine Apostel nur nach ihrer Bereitschaft zu dienen aussucht.

Auf die Frage Jesu, worüber sie unterwegs gesprochen hätten, schweigen die Jünger, sie verhalten sich wie Kinder die bei einer Unartigkeit ertappt wurden. Erst seine Frage bringt ihnen zu Bewußtsein, daß sie bei ihren Überlegungen nicht auf dem rechten Weg gewesen waren und jetzt finden sie keine Worte um sich zu rechtfertigen. Ihre Antwort ist ein betretenes Schweigen denn im Angesicht ihres Meisters müssen sie ihm eine schlüssige Antwort schuldig bleiben. In ihrem Verhalten können wir leicht unsere eigene Position wiedererkennen, denn auch wir verlieren uns oft in Gedankengänge die mit einem echten Glauben nichts zu tun haben. Wir verrennen uns manchmal in solche Sackgassen die uns den rechten Weg in eine offene und befreiende Zukunft versperren. Dann hilft uns nur eines, sich von ihm fragen zu lassen: *Worüber hast du da geredet? Was ist dir da in den Sinn gekommen? Wie hast du dich in dieser Situation verhalten?*

Mit der Zeit müssen wir dann von einem solchen Kindhaften und trotzigem Schweigen wegkommen und zu einem liebenden Schweigen hinfinden. Wir müssen also wie von selbst zu Jesus gehen und ihm schweigend zuhören, auf ihn schauen und seine Weisheit und Liebe annehmen. Das ist dann ein Schweigen der Sehnsucht und der Hingabe, das dem Bewußtsein entspringt, daß sein Wort uns das ewige Leben schenken kann. Diese Art des Schweigens haben die Apostel nach Ostern im Obergemach zu Jerusalem gelernt, als sie mit Maria der Mutter Jesu in ihrer Mitte zum Gebete versammelt waren. Jetzt konnten sie nicht mehr dabei ertappt werden, daß sie sich über ihre Größe oder die ersten Plätze im Himmelreich stritten, denn sie waren jetzt ganz auf ihren Herrn und Meister ausgerichtet. Diese Stunden im Obergemach werden die Jünger nie mehr vergessen haben, denn sie formten und beflügelten ihr ganzes Leben und gaben ihnen sozusagen den letzten Schliff für ihren Aposteldienst.

„Da setzte er sich und rief die Zwölf". Nur an ganz wenigen Stellen der Hl. Schrift wird ausdrücklich dieses Verb „setzen" verwendet. Wenn es darum heißt: Jesus setzte sich, dann bedeutet das, daß er sich ausdrücklich zum Lehren setzt, wie die Gesetzeslehrer der damaligen Zeit. Das ist schon in der Geschichte des zwölfjährigen Jesus im Tempel angedeutet: „Er saß mitten unter den Lehrern, hörte ihnen zu und stellte Fragen" (Lk 2,46). Später wird er dann einmal zu allen sagen: „Die Schriftgelehrten und Pharisäer haben sich auf den Stuhl des Mose gesetzt“ (Mt 23,2), er bestätigt damit daß sie das lehren, was Mose angeordnet hat und daß ihre Lehre rechtens ist. Hier ist es eine feierliche Einleitung zu der Lehre die er seinen Jüngern verkünden wollte und er will ihnen damit zugleich deutlich machen, daß seine Lehre ebenso wesentlich und wichtig ist, wie die Überlieferung des Mose.

Was er aber hier in dieser Stunde die Jünger lehrte, war in Wirklichkeit eine revolutionäre Weltneuheit: „Wer der Erste sein will, der soll der Letzte von allen und der Diener aller sein“. So klar und unmißverständlich hatte das bisher noch niemand verkündet und nicht nur das, er selbst war es, der das allen vorgelebt hat. Jede Lehre muß sich schließlich daran messen lassen, daß sie auch in der Praxis des Lebens Bestand hat. Wie auch bei den Seligpreisungen so tauscht er hier den ersten mit dem letzten Platz ein. So erleben wir, wie wir das schon mehrfach beobachtet haben, daß er die scheinbare Reihenfolge dieser Welt genau auf den Kopf stellt. Es geht ihm dabei also nicht nur um eine symbolische Hervorhebung des Kleinen und unscheinbaren, sondern um das radikale Umdenken der Menschen. Das ist die Revolution die der Sohn Gottes der Welt gebracht hat und die sich langsam, Jahr für Jahr bahnbricht. Auf diese Weise streiten sich also Natur und Übernatur, stehen sich göttliche und menschliche Weisheit gegenüber.

Man kann die Worte Jesu also nicht mit natürlichen Maßstäben messen oder plausibel erklären, denn sie erschließen sich nur im Glauben an ihn und je mehr einer mit Christus verbunden ist, desto mehr wird er auch ihre ganze Wahrheit und Weisheit erkennen. Auf der anderen Seite muß man sich jedoch fragen: *Wer ist überhaupt der Erste und wer ist der Letzte?* Auch das läßt sich von der Menschheitsgeschichte her nicht sicher ausmachen, da die Geburt des letzten Menschen ja gewiß noch aussteht. Es muß also hierbei um etwas ganz anderes gehen. Der Erste und

Größte ist nach unserem Glauben: Jesus Christus, der Sohn des lebendigen Gottes. Die Offenbarung des Johannes gibt ihm den Titel: „Der Erste und der Letzte und der Lebendige" (Offb 1,17). Er ist von allen Menschen der Erste und der Größte, da er vor allen Zeiten aus Gott geboren ist und weil er sich den Menschen unterworfen hat, erfährt er darin die größte Erniedrigung.

Der eigentliche Grund aber dafür, daß es unter den Christen keinen Rangstreit geben darf, ist gewiß im Sakrament der Taufe zu sehen. Jeder Christ ist nämlich auf den Namen Christi getauft und hat somit den gleichen Anteil am Reiche Gottes und an allen Gnaden und Gaben die die Kirche vermittelt. „Die heilige Taufe ist die Grundlage des ganzen christlichen Lebens, das Eingangstor zum Leben im Geiste und zu den anderen Sakramenten. Durch die Taufe werden wir von der Sünde befreit und als Söhne Gottes wiedergeboren; wir werden Glieder Christi, in die Kirche eingefügt und an ihrer Sendung beteiligt" (KKK 1213) „In der Taufe empfangen sie den Geist der Kindschaft, indem wir Abba, Vater, rufen und werden so zu wahren Anbetern, wie der Vater sie sucht". (SC 6) Ein jeder erhält also im Sakrament der Taufe grundsätzlich die ganze Fülle der Liebe Christi und für den Einzelnen wird es im Wesentlichen darauf ankommen, wie er Christus an sich wirken läßt und wie er mit seinen Gnaden und Gaben mitwirkt.

Der Rangstreit spielt sich also zuerst einmal im Herzen jedes Einzelnen ab. Es kann also nicht darum gehen, daß er sich den letzten Platz im Welttheater auszusuchen hat, sondern darum, daß er die Größe und Göttlichkeit seines Herrn und Meisters erkennt und anerkennt. Wenn er das dann einmal von ganzem Herzen erfaßt hat, wird er auch wie von selbst gar nicht mehr danach trachten, sich ungebührlich über die anderen zu erheben oder sich in den Vordergrund zu drängen, sondern er wird sich ganz mit Christus vereinigen und mit ihm den Platz einnehmen den er ihm zugewiesen hat. Da aber jeder Christ zugleich auf den Tod Christi getauft ist, hat er dadurch auch Anteil an seiner Erniedrigung. Aus diesem Grunde können wir vor allem bei vielen großen Heiligen und anderen hochherzigen Seelen feststellen, daß sie in der Liebe Christi diese seine Erniedrigung auch im Geiste miterlebt und durchlitten haben.

Jesus nimmt also den Rangstreit der Jünger zum Anlaß, um uns die ganze Dimension unseres Glaubens klarzumachen. Dabei hat aber der irgendwann einmal zuletzt lebende Christ der Weltgeschichte dieselbe Verheißung zum ewigen Leben mit ihm, wie der Gläubige, der Jesus noch mit eigenen Augen gesehen hat. Es geht hier dem Herrn aber nicht allein nur darum, denn er stellt zugleich das Dienen in den Mittelpunkt des Lebens. Das Dienen ist also hierbei der springende Punkt und es markiert die wahre Größe des Menschen. Keiner kann aber nur darum dem anderen dienen, um im Himmel den ersten Platz zu erhalten, sondern er dient, weil er Christus erkannt hat und die Schwestern und Brüder liebt. Das Dienen umfaßt daher die ganze Bandbreite des täglichen Lebens und wird hauptsächlich in der Verwirklichung der leiblichen und geistigen Werke der Barmherzigkeit gesehen.

„Und er stellte ein Kind in ihre Mitte und nahm es in die Arme". Jetzt erfolgt die praktische Auslegung seiner Lehre; sie ist recht kurz aber sehr einprägsam, so daß die Jünger das nie vergessen konnten. Ein Kind steht mitten in der Schar der Jünger und wird als Beispiel für den Vorrang im Himmelreich vorgestellt. Das Kind kann noch nichts an Verdiensten vorweisen, es ist weder vorbildlich noch tugendhaft, es ist in allem unbedarft und unvoreingenommen und man könnte sogar sagen daß es sich erst noch die Liebe Gottes verdienen muß. Aber das Gegenteil ist der Fall, denn Gott liebt das Kind schon um seiner selbst willen, wie es eine gute Mutter liebt allein schon weil es ihr Kind ist. Jesus nimmt es in die Arme und liebkost und streichelt es, denn als Mensch bist du von vorneherein ein Kind des himmlischen Vaters, der regelrecht in dich verliebt ist.

Die Ausgangsbasis ist eine ganz andere, als wir uns das für gewöhnlich denken. Der Mensch ist nicht groß wegen seiner Leistung, sondern wegen der Liebe Gottes mit der er geliebt wird. Was kann das Kind in diesem Falle aber wirklich tun? Es kann sich nur lieben lassen, auf Gottes Liebe antworten und immer offen sein für seine Liebe. Diese Lektion die Jesus seinen Jüngern erteilte, haben sie nie mehr vergessen; sie haben verstanden, daß alle Gaben und Vorzüge letztlich von Gott kommen und durch ihn groß und edel werden. Dieser Zustand des Kindes ist allerdings leider nur allzuoft verwischt oder verdunkelt, denn diese Liebe Gottes kann sich auf Erden nur dann im Leben wirksam entfalten, wenn andere Menschen diese Liebe Gottes an ihm vertreten und sie an ihm sichtbar werden lassen.

Dieser Schlußsatz: „Wer ein solches Kind um meinetwillen aufnimmt, der nimmt mich auf; wer aber mich aufnimmt, der nimmt nicht nur mich auf, sondern den, der mich gesandt hat", scheint auf den ersten Blick gar nichts mit dem Rangstreit der Jünger zu tun zu haben, denn er beschreibt das Verhältnis des Menschen zu ihm und seinem Vater. Wenn du daher so ein Kind in deinem Herzen aufnehmen kannst, dann ist es dir auch möglich, mich und meinen Vater aufzunehmen. Die Liebe ist immer unteilbar und wer diese Liebe verschenken kann, der ist auch dazu fähig, Gottes Liebe anzunehmen. Daher ist die Meßlatte nicht zu hoch angelegt und jeder kann mit seinen Gaben und Talenten mit der Liebe Gottes großes vollbringen. Es geht dem Herrn also zuerst einmal darum, daß man ihn von Herzen aufnimmt und dann spielt es keine Rolle mehr, wer der Erste oder Größte im Himmelreich ist.

Der Rangstreit der Jünger endet daher nicht damit, daß Jesus einige seiner Apostel rügt, tadelt oder bloßstellt, sondern daß er sie aufbaut und ihnen die grenzenlose Liebe seines Vaters zeigt. Das Reich Gottes geht also von ganz anderen Voraussetzungen aus, da geht es nicht darum, wer der Erste oder der Letzte ist, sondern wer am ehesten bereit ist den Herrn aufzunehmen. Jeder Versuch eine Rangordnung nach menschlichen Maßstäben aufzustellen ist daher schon vom Ansatz her zum Scheitern verurteilt. Wie wir eingangs angedeutet haben, ist es Jesus selbst dem jedweder Vorrang in allem gebührt und selbst er hat sich in allem dem Vater untergeordnet und „war gehorsam bis zum Tod" (Phil 2,8). Sein Beispiel ist das Vorbild für alle und in seinem Reich stellt sich die Frage einer Vorrangstellung überhaupt nicht, denn ein jeder ist wie sein Meister zum Dienen berufen.

In der Realität des Lebens zeigt sich das auf vielerlei Weise. Da ist zu allererst die Liebe der Eltern zueinander und zu den Kindern zu nennen. Nur eine von Gott getragene Liebe macht es ihnen möglich, tagtäglich füreinander da zu sein und alles anzunehmen was das Leben für sie bringt. Darin zeigt sich die wahre Kraft ihres Glaubens, wenn sie in Treue und Beharrlichkeit zueinander stehen. Ebenso ist der Einsatz im öffentlichen Leben und im Beruf die Grundlage des Staates, in Frieden und Gerechtigkeit miteinander zu leben. Wenn Christus tatsächlich das Kind in der Mitte der Menschen ist, dann kann das nur zur Folge haben, daß alle diesem Kinde dienen und beistehen wollen. Das Kind in unserer Mitte ist uns eine immerwährende Mahnung, es ist uns der Lichtblick unseres Lebens und die ständige Botschaft Gottes, daß er uns liebt.

Der fremde Wundertäter Mk 9,38 – 41

Da sagte Johannes zu ihm: Meister, wir haben gesehen, wie jemand in deinem Namen Dämonen austrieb; und wir versuchten, ihn daran zu hindern, weil er uns nicht nachfolgt. Jesus erwiderte: Hindert ihn nicht! Keiner, der in meinem Namen Wunder tut, kann so leicht schlecht von mir reden. Denn wer nicht gegen uns ist, der ist für uns. Wer euch auch nur einen Becher Wasser zu trinken gibt, weil ihr zu Christus gehört – amen, ich sage euch: er wird nicht um seinen Lohn kommen.

+ + + + +

Der Apostel Johannes, von dem hier die Rede ist, gehörte zum engeren Kreis der Jünger Jesu und durfte von seinem Meister so manche Gunsterweise erfahren. Er war von Natur aus recht aufbrausend und impulsiv, was ihm und seinem Bruder Jakobus daher den Beinamen „die Donnersöhne" einbrachte. Aus diesem Grunde ist es auch verständlich, daß er sich über diesen fremden Wundertäter ärgerte, weil dieser sich nicht in ihren Reihen eingliedern ließ. Wir erleben hier, daß jemand in Jesu Namen Dämonen austrieb, obwohl er keinen Auftrag von ihm dazu hatte. Das ist überraschend und irritierte selbst die besten Jünger Jesu, denn wie kann es dieser Mann wagen, in seiner Vollmacht Dämonen auszutreiben, wenn er kein Jünger des Herrn ist?

Hier geschieht etwas außergewöhnliches, die Vollmacht Christi ist so grundsätzlich und allgemein, daß sie auch dann nicht ihre Wirkung einbüßt, wenn sie einer in Anspruch nimmt, der nicht zum Kreis der Jünger gehören will. Sein Machtwort gilt also in jedem Falle und unabhängig von der Einstellung oder Spiritualität des Menschen. Das ist bis heute so geblieben; auch wenn das so manchem Heißsporn in den Reihen der Jünger nicht gefallen dürfte. Der fremde Wundertäter kann uns daher manches lehren, was wir sonst nicht so leicht verstehen würden. Zum einen ist es immer so, daß die Wunder stets von Gott gewirkt werden, in seiner Kraft und in seinem Auftrag wirkt der Jünger Jesu und die unreinen Geister hören auf ihn, weil er den Namen des Herrn angerufen hatte. Zum andern hängt die Kraft des Herrn nicht von der Verfassung eines Menschen ab, sondern sie wirkt aus sich heraus, weil es Gott ist der durch ihn wirkt.

Gerade auch die Geschichte des fremden Wundertäters zeigt uns sehr eindrucksvoll die Kraft des Wortes Gottes, das nicht nur durch die Jünger wirkt. Dieser Mann begegnet dem Wirken Jesu ganz unvoreingenommen und er handelt ebenso wie die Jünger, die in seinem Namen die unreinen Geister austreiben. Was ihn dabei auszeichnet ist seine ungezwungene Art, wie er mit dem Auftrag Jesu umgeht. Er erkennt Jesus zwar noch nicht als den Heiland und Erlöser der Menschheit, aber seine außergewöhnliche Kraft hat es ihm angetan. Dem Herrn muß dieses spontane Handeln sehr gefallen haben, auch wenn er noch nicht die volle Erkenntnis in das Wesen des Reiches Gottes besaß. Jedenfalls spürt er schon die geheimnisvolle Macht die hier am Werke ist und will wie die Jünger mit ihr die Dämonen austreiben.

Daher ist dieser fremde Mann, wie auch der vom Herrn ausgesandte Jünger, eigentlich kein Wundertäter, sondern nur einer, der die Macht Christi erfahren hat. Er muß erlebt und gesehen haben, wie durch die Anrufung seines Namens die unreinen Geister ausgefahren sind. Dieser einfache Mann hat uns in Wahrheit einiges voraus: Er erkannte die göttliche Macht Jesu und in seiner Kraft treibt auch er Dämonen aus. Das Prinzip von Glaube und Nachfolge wird hier zugunsten der Vollmacht Jesu durchbrochen; der Glaubende hat seine Vollmacht nicht für sich gepachtet, sondern die Dämonen hören auf ihn, weil er im Auftrag Jesu handelt. Der Fremde dagegen ist zwar nicht zur Verkündigung des Reiches Gottes berufen, aber Gott ist mit ihm, weil auch er den Namen Jesu anruft. Auf diese Weise macht er die Freiheit und Selbständigkeit des Menschen deutlich; der Glaube an Jesus beengt niemanden und führt individuell auf seinem Lebensweg.

Solche fremde Wundertäter hat es in der Kirchengeschichte immer wieder gegeben und sie bestätigen uns auf ihre Weise daß die Kraft des Wortes Gottes ständig ungebrochen gegenwärtig ist. Auf einer anderen Ebene würde man solche Menschen vielleicht Trittbrettfahrer nennen. Sie profitieren nämlich von der Vollmacht Christi und wahrscheinlich ist es sogar gut daß es sie gibt, denn sie reagieren manchmal noch schneller und flexibler auf eine spezielle Situation als die Jünger Christi. Auf der anderen Seite haben sie die göttliche Sendung Jesu Christi zumeist noch nicht ganz erfaßt und sie kennen keine Bindung an die Gemeinschaft der Heiligen, weil sie die Tragweite von Glaube und Sendung noch nicht erkannt haben. Sie haben daher etwas von einem Kuckuck an sich, der kein eigenes Nest hat.

Jesus lehrt hier seine Jünger die Toleranz und Großmütigkeit des Herzens; sie sollen es lernen in ganz anderen Dimensionen zu denken und zu handeln, als es die Menschen für gewöhnlich tun. Wer ihm nachfolgt, hat Anteil an der Größe und Weite seiner Sendung und läßt sich nicht in einen, wenn auch goldenen, Käfig einer Geheimlehre oder eines Gettos sperren. Diese gelebte Toleranz ist dann auch das Markenzeichen eines lebendigen Christen; er wird es deshalb auch nicht anstreben, daß alle anderen seine Berufung leben, sondern er weiß daß es der Herr selber ist, der einen jeden so führt, wie es ihm gefällt. Das beschreibt der hl. Paulus auf seine Weise, wenn er die Vielfalt der Geistesgaben deutet: „Es gibt verschiedene Gnadengaben, aber nur den einen Geist. Es gibt verschiedene Dienste, aber nur den einen Herrn. Er bewirkt alles in allen“ (1 Kor 12,4)

Die einzigartige Kraft des Wortes Gottes ist uns zumeist gar nicht recht bewußt und erst wenn sich ein anderer dieser Kraft bedient, werden wir hellhörig und erinnern uns daran. Wann haben wir selbst schon einmal einen Dämonen ausgetrieben, Kranke geheilt oder anderen das Wort Gottes verkündet? Das alles überlassen wir gerne anderen und selbst für unseren eigenen Bereich geben wir uns nur allzuoft mit den notwendigsten religiösen Übungen zufrieden, damit wir ja nicht als fanatisch oder kleinkariert angesehen werden. Dabei wirkt das Wort Gottes ja von sich aus, wenn wir es nur einsetzen und zu unserem Heil gebrauchen wollten. Der fremde Wundertäter zeigt uns darum, daß wir den Glauben als ein Geschenk empfangen haben und daß wir ihn auch im Leben einsetzen und bewähren müssen.

Wenn der Jünger Jesu das Wirken des fremden Wundertäters erkennt, wird er es daher nicht nur um Jesu willen dulden, sondern es sogar sehr begrüßen, daß dieser sich auch in der Kraft Christi um andere kümmert. Er ist auf diese Weise in gewisser Hinsicht ein freier Mitarbeiter und er dient den Menschen auf seine Art. Man sollte dabei auch nicht nur auf sein Tun und Lassen blicken oder beurteilen, denn er ist dem Herrn kostbar, weil er es versteht in seinem Sinne am Reiche Gottes mitzuwirken. Auch das II. Vat. Konzil ermuntert die Gläubigen mehrfach, daß sie auf den verschiedensten Gebieten zum Wohle aller, mit allen Menschen brüderlich zusammenarbeiten sollen (AA 27). Auf diese Weise wird der fremde Wundertäter nicht zum Außenseiter abgestempelt, sondern als ein wertvolles Glied der menschlichen Gesellschaft bestätigt.

Jesus gibt den Jüngern eine ganz plausible Erklärung, daß sie den fremden Wundertäter gewähren lassen sollen: „Keiner, der in meinem Namen Wunder tut, kann so leicht schlecht von mir reden". Es kommt ihm also zuerst auf die Verkündigung seines Wortes an und er kennt dabei keine Konkurrenz. Er bestätigt damit zugleich, daß auch andere sich um die Menschen kümmern, ihnen helfen und allen Gutes tun. Er scheint es dabei auf der anderen Seite hinzunehmen, daß es andere gibt, die schlecht von ihm reden. Das sind diejenigen, die niemals seinen heiligen Namen anrufen. Ohne es auszusprechen stellt Jesus hier den fremden Wundertäter den Schriftgelehrten und Pharisäern gegenüber, die immer nur darauf achteten, ob sie ihn eines Fehlers überführen könnten. Daß sie daher aber auch leichter geneigt waren, schlecht von ihm zu reden, das liegt auf der Hand.

Das schlecht-von-Jesus-Reden entspringt aber den negativen Gedanken, die einer im Herzen hegt; was jemand in sich trägt, das kommt auch irgendwann einmal an die Oberfläche und geht dann schließlich vom Reden in die Tat über. Bei den Pharisäern und Schriftgelehrten hing das großenteils mit ihrem überlieferten Gottesbild zusammen, sie waren nicht bereit eine Offenbarung Gottes im Fleische anzunehmen. Bisher hatte sich „Gott auf vielerlei Weise offenbart, daß er sich jetzt aber durch seinen Sohn offenbarte“ (vgl. Hebr 1,1), das konnten sie nicht verstehen. So deckt Jesus durch das Auftreten des fremden Wundertäters den eigentlichen Hintergrund des schlechten Redens über ihn auf. Es geht hierbei also letztlich um die Frage: *Wer erkennt ihn als den Sohn Gottes oder wer redet schlecht von ihm, weil er ihn nicht als Messias und Erlöser annehmen will?*

Das schlecht von-Jesus-Reden geschieht aber auch heute noch bei jedem, der immer nur darauf bedacht ist zu Nörgeln und zu Kritisieren. Er will sich daher auch nicht an der Ausbreitung des Reiches Gottes beteiligen und sucht darum hundert Gründe zusammen, warum er dabei nicht mitmachen kann. Wer schlecht von Jesus redet, der kennt ihn nicht, aber was noch schlimmer ist, der will ihn auch nicht kennen lernen. Er ist irgendwie mit dem „Von-Anfang-an-nein-Sager“ geistesverwandt und daher in großer Gefahr, sein ewiges Heil zu verfehlen. Hier ist es eigentlich das einzigemal, daß Jesus von der Tatsache spricht, ihn anzufeinden und gegen ihn Stellung zu beziehen. Schlecht von Jesus reden kann nur der Mensch, der Falschheit und Bosheit in sich angesammelt hat: „denn wovon das Herz voll ist, davon fließt der Mund über“ (Mt 12,34).

Unsere heutige Situation hat aber im Grunde genommen eine ganz andere Komponente: Es ist das *nicht*-Reden über die Frohe Botschaft. Über den Glauben an Christus wird im Allgemeinen überhaupt nicht gesprochen, weder im positiven noch im negativen Sinne. Das hat die moderne Zeit mit sich gebracht und das ist das Handykap aller Glaubensverkündigung. Das Suchen und Streben nach den bleibenden und ewigen Werten des Menschen kann praktisch nurmehr in der Abgeschiedenheit der privaten Sphäre erfolgen. So kann sich aber die Frohe Botschaft Christi mit ihrer alles durchdringenden Kraft und mit der lodernden Glut der Begeisterung nicht recht entfalten. Jedoch überall dort, wo das Schweigen über Gott aufgebrochen werden kann, ereignet sich das Fest des Wortes Gottes, da wird das Sprechen über Gott zum Segen und Heil für alle Menschen.

Jesus stellt im Anschluß daran eine Faustregel auf, die für alle Zeiten Geltung hat: „Wer nicht gegen uns ist, der ist für uns“. Dieses sein Wort kann verschiedene Hintergründe haben: einmal daß er sich hier mit seinen Jüngern identifiziert, die seine Botschaft verkünden, oder zum andern, daß dieses Wort Jesu schon selber durch die Erfahrung der jungen Kirche gegangen ist. Obendrein ist uns dieses Wort in zwei Versionen überliefert, denn beim Evangelisten Lukas heißt es hierzu: „Wer nicht gegen euch ist, der ist für euch“. In jedem Falle wird dabei herausgestellt, daß ein jeder als Partner der Kirche anzusehen ist, der nicht direkt gegen sie auftritt. Aus diesem Grunde ist auch der fremde Wundertäter kein Feind oder Gegner der Jünger, sondern man könnte ihn als einen der ihnen nahe steht bezeichnen; und gerade auch mit diesen Menschen muß es der Jünger Christi verstehen, zusammenzuarbeiten.

Diese Regel zeugt von einer Größe und Weite des Herrn im Umgang mit den Menschen, die sich auch die Jünger aneignen sollen. Ein ähnlicher Grundsatz wird auch in der Rechtsprechung praktiziert, wonach niemand verurteilt werden darf, wenn die Schuld nicht zweifelsfrei feststeht. Hier geht es jedoch vor allem darum, dem Wirken des Wortes Gottes keine unnötigen Hindernisse in den Weg zu legen und die Ausbreitung seines Reiches nicht durch selbstgebaute Hürden oder Barrikaden aufzuhalten. An dieser Stelle kommt auch sein Wort „Ich bin der Weg" (Joh 14,6) so richtig zur Geltung. Er selbst ist der Weg auf dem alle Menschen gehen sollen und er führt sie schnurgerade zu seinem himmlischen Vater. Der fremde Wundertäter ist daher nur den Jüngern fremd, er ist aber schon längst dem Herrn bekannt, denn er wirkt ja in seinem Namen, und niemand hat einen Grund zur Mißgunst oder Eifersucht.

Diese Schriftstelle müssen wir aber von einem anderen Wort Jesu unterscheiden, in dem es heißt: „Wer nicht für mich ist, der ist gegen mich; wer nicht mit mir sammelt, der zerstreut" (Lk 11,23). Weil sich diese beiden Texte so ähnlich anhören, könnte man versucht sein, diese miteinander zu verwechseln. Doch bei diesem zweiten Wort Jesu ist eine andere Meßlatte angelegt, denn es geht hierbei um das direkte Verhältnis des Einzelnen zu Jesus und seiner Sendung. Hierbei genügt es daher nicht, nur nichts gegen ihn zu haben, sondern es geht um sein ewiges Heil und dabei kann sich letztlich keiner indifferent gegen ihn verhalten. Diese beiden Worte Jesu darf man also nicht miteinander vertauschen oder verwischen, sondern man muß sie in der jeweiligen Aussageabsicht Jesu sehen und zu begreifen suchen.

Gott ist nicht kleinlich und das kann man wie an vielen Stellen der Hl. Schrift auch dem nachfolgenden Vers entnehmen. „Wer euch auch nur einen Becher Wasser zu trinken gibt, weil ihr zu Christus gehört – amen, ich sage euch: er wird nicht um seinen

Lohn kommen"(Mk 9,41). Dabei verspricht er dem seinen bleibenden Lohn, der einem Jünger um seiner Liebe willen auch nur einen Becher Wasser reicht. Jedes Liebeswerk, und sei es auch noch so unbedeutend in den Augen der Menschen, wird er einmal reichlich vergelten. Es empfängt also nicht nur der treue und kluge Knecht seinen Lohn, sondern auch der, welcher diesem auf irgendeiner Weise beigestanden hat. Das ist auch schon im Alten Testament in der Geschichte der Dirne Rahab angedeutet; sie wurde bei der Einnahme der Stadt Jericho mit allen ihren Angehörigen verschont, weil sie den Kundschaftern das Leben rettete (Jos 6,25).

Im Neuen Testament ist es vor allem die einzigartige Erzählung des Evangelisten Johannes von der Frau am Jakobsbrunnen, die uns das ausdeuten kann. Indem die Frau Jesus einen Becher Wasser aus dem Brunnen schöpft, schenkt ihr Jesus dafür das lebendige Wasser des Glaubens an ihn. Den einen Schluck Wasser, den sie ihm reicht, verwandelt er in das Wasser der Taufe, das er über alle, die an ihn glauben, ausgießt (Joh 4,14). Etwas ähnliches wird uns auch von der Brotvermehrung berichtet: „Da ist ein kleiner Junge, der hat fünf Gerstenbrote und zwei Fische" (Joh 6,9). Diese nahm Jesus sprach das Dankgebet und ließ sie an die Leute austeilen und alle wurden davon satt. Das wenige, das wir ihm anbieten können, nimmt er freudig an und verwandelt es, damit es allen zum Segen sei und daß sie davon gesättigt werden.

Einen Becher Wasser zu reichen, mag im Einzelfall nicht viel bedeuten, doch für den, der ihn im Notfall gereicht bekommt, kann er lebenswichtig sein. Es geht hier aber gewiß mehr um den gewöhnlichen Liebesdienst den einer dem anderen im täglichen Leben schenkt. Hier ist daher zuallererst der Kreis der Familie und der kleine Kreis der Nachbarschaft angesprochen, in dem sich die Botschaft Christi verwirklichen soll. Es sind die vielen kleinen Selbstverständlichkeiten, die der Herr im Blick hat und die er einmal mit seinem Übermaß an Liebe belohnen will. Das erklärt dann auch die beinahe seltsame Frage der Gerechten beim Gericht: „Herr, wann haben wir dich hungrig gesehen und dir zu essen gegeben, oder durstig und dir zu trinken gegeben?“ (Mt 25,37) Ihre Aufgabe und Sorge für ihre Lieben war ihnen so selbstverständlich, daß sie diese gar nicht für so groß gehalten haben.

Wenn Jesus hier vom Lohn spricht, dann ist das für gewöhnlich etwas anderes, als den Lohn, den wir für eine regelmäßige Dienstleistung empfangen. Bei Jesus ist der empfangene Lohn aber immer ein Geschenk, das die geleisteten Dienste um ein vielfaches übersteigt. Das können wir am besten aus der Beantwortung der Frage des Petrus über den zu empfangenen Lohn erfahren: „Jeder, der um meines Namens willen Häuser oder Brüder, Schwestern, Vater, Mutter, Kinder oder Äcker verlassen hat, wird dafür das Hundertfache erhalten und das ewige Leben gewinnen“ (Mt 19,29). Dieses Hundertfache wird dann selbstverständlich auch denen geschenkt, die wie der fremde Wundertäter einen Dienst für die anderen übernommen haben um ihnen das Heil von Gott zu schenken.

Der fremde Wundertäter ist aber sehr oft ein fremd gebliebener Bruder oder eine Schwester aus den eigenen Reihen, denn sie sind diese Art von Menschen, die sich nicht so ohne weiteres in die Gemeinschaft der Jünger einspannen lassen. Es sind Menschen, die von ihrem Naturell her eine größere Ellenbogenfreiheit brauchen um sich verwirklichen zu können. Sie haben eine angeborene Abneigung gegen jede Art von Kontrolle oder Gängelei. Wenn sie etwas Gutes tun und anderen in der Not beistehen, werden sie gerne nur als Außenseiter abgestempelt. Sie reagieren aber spontan auf die Hilfsbedürftigkeit ihrer Mitmenschen und werden oft in ihrer Art verkannt, weil sie möglicherweise ihre Fehler nicht so leicht verbergen können. Aber auch sie sind ein Segen für alle, denn sie verstehen es auf ihre Weise das Reich Gottes zu verkünden.

Die Segnung der Kinder Mk 10,13 – 16

Da brachte man Kinder zu ihm, damit er ihnen die Hände auflegte. Die Jünger aber wiesen die Leute schroff ab. Als Jesus das sah, wurde er unwillig und sagte zu ihnen: Laßt die Kinder zu mir kommen; hindert sie nicht daran! Denn Menschen wie ihnen gehört das Reich Gottes. Amen, das sage ich euch: Wer das Reich Gottes nicht so annimmt, wie ein Kind, der wird nicht hineinkommen. Und er nahm die Kinder in seine Arme; dann legte er ihnen die Hände auf und segnete sie.

\+ + + + +

Aus den vergangenen Jahrhunderten sind uns so manche liebliche und beschauliche Bilder bekannt, die die Segnung Jesu der Kinder zum Thema haben. Sie wollen uns seine Liebe und Menschenfreundlichkeit vor Augen stellen und uns darauf aufmerksam machen, daß wir alle von ihm gesegnet sind. Mit diesen idyllischen Bildern können wir heutzutage allerdings nicht mehr viel anfangen, denn wir sind durch ganz andere Erfahrungen und Interessen geprägt. Die Segnung der Kinder mag vielleicht gut für eine Kindergarten sein, aber in unserer modernen Zeit hat sie scheinbar nichts mehr zu suchen. Auf der anderen Seite ist uns jedoch bewußt, daß Jesus oftmals bei seinen Unterweisungen die Kinder miteinbezog. So ist das Kind in der Glaubensverkündigung nicht vergessen und gerade dieses Evangelium will unsere Sicht auf Jesus, den Freund aller Menschen, wieder schärfen.

„Da brachte man Kinder zu ihm, damit er ihnen die Hände auflegte". Das Alte Testament ist voll von Bildern und Berichten über den Segen Gottes. Angefangen bei der Schöpfungsgeschichte, in der er Tiere und Menschen segnete, bis hin zu den Propheten, die den Segen Gottes für ihr Volk verheißen, spielt der Segen eine wichtige Rolle in Israel. Vor allem in den Psalmen findet das Gebet um Segen und der Dank für die erhaltenen Wohltaten seinen Niederschlag. Der Segen Gottes wird dabei als eine Art Bestätigung für das eigene rechte Handeln angesehen. Darum heißt es auch: „Der Herr segnete Ijob fortan mehr als einst“ (Ijob 42,12). Eines der schönsten Schriftworte das man mit diesem Evangelium in Verbindung bringen kann, lautet: „Die Kinder der Frommen werden gesegnet sein“ (Ps 112,2). Der Segen des Gerechten pflanzt sich also von Geschlecht zu Geschlecht fort.

Im Neuen Testament wird nur relativ selten direkt vom Segen gesprochen und es sind uns genau genommen nur zwei Begebenheiten überliefert, in denen Jesus selbst segnet: einmal *hier* bei der Segnung der Kinder und zum andern bei seiner Himmelfahrt, wo es heißt: „Er hob die Hände auf und segnete sie“ (Lk 24,50). Selbstverständlich hat Jesus auch sonst noch bei den verschiedensten Gegebenheiten des Lebens gesegnet, jedoch wird das nur an diesen beiden Stellen ausdrücklich erwähnt. Der Grund wird gewiß darin zu suchen sein, daß Jesus selbst als der Segen des himmlischen Vaters in Person gesehen wird. Er ist die Erfüllung allen Segens den der Vater den Menschen verheißen hat. Das verkündet schon der hl. Petrus: „Für euch zuerst hat Gott seinen Knecht erweckt und gesandt, damit er euch segnet“ (Apg 3,26). Ähnliches predigte dann auch Origenes: „Als unser Erlöser hinabstieg, segnete Gott sein Land“.

Der Segen hat also im Laufe der Geschichte mehrfach einen anderen Gesichtspunkt erhalten. Während zuerst von Gott selbst ausgesagt ist, daß er segnet, wird dann später dem Erzvater Abraham zugesagt, daß er ein Segen für alle kommenden Geschlechter sei. Von besonderer Tragweite für das ganze Haus Israel ist dann der Segen, den Gott der Herr dem Mose und Aaron lehrte und mit dem sich in der Folge die Söhne Israels und ihre Familien segneten. Eine ganz neue Seite des Segens wird dann im Einzug Jesu in Jerusalem aufgedeckt, in dem die Leute riefen: „Gesegnet sei er, der kommt im Namen des Herrn“. Hier ist es das öffentliche Zeugnis des Volkes für das Kommen Jesu als Messias der Welt. Schließlich ist es der „Segen Gottes den wir in seinem Geiste empfangen, durch die Gemeinschaft mit Christus“ (Eph 1,3). In diesem Segen Gottes stehen wir heute noch und erwarten die Wiederkunft Christi in Herrlichkeit, am Ende der Zeiten.

Das erste, was uns hier begegnet, ist also die Tatsache, daß die Kinder zu Jesus gebracht werden. Das läßt uns ganz spontan fragen: *Bringen wir heute noch unsere Kinder zu Jesus?* Schon im Alten Testament war es die heilige Verpflichtung des Familienvaters, den Kindern das Wirken Gottes an seinem Volk zu lehren und zu erklären. „Ihr sollt sie eure Söhne lehren, indem ihr von seinen großen Taten redet“ (Dtn 11,19). Ebenso ist es die christliche Elternpflicht, seine Kinder zu Jesus zu bringen, sie im Glauben einzuführen und ihnen ein Zeugnis eines christlichen Lebens zu geben. Die Leute damals hatten ihre Kinder mit Freude zu Jesus gebracht, denn sie legten großen Wert auf seinen Segen, weil sie die großen Taten sahen, die er wirkte. Eine solche lebendige Glaubenserfahrung würde auch bei uns wieder eine Erneuerung des christlichen Lebens in Gang setzen und in uns die Freude über unseren Glauben aufblühen lassen.

In diesem Evangelium werden also die Kinder zu Jesus gebracht, daß er sie segne; denn die Leute hatten erkannt, daß er im Wohlgefallen Gottes steht und daß er seinen Segen auf alle legen will. In ihm hat sich das Wort des Propheten Jesaja erfüllt: „Der Heilige Israels ist dein Erlöser“ (Jes 54,5). Aus diesem Grunde ist auch der Segen den er auf die Kinder legt, nicht nur eine fromme Geste, sondern der Beginn eines Segens für das ganze Volk und für die ganze Welt, den Gott von altersher oftmals verheißen hat. Die Segnung der Kinder Israels hat daher auch einen prophetischen Charakter und ist wie der Segen des Mose zu verstehen, den dieser auf das ganze Volk legte. So kündet sich in Jesu Segen das ewige Heil an, das er der ganzen Welt gebracht hat. „Der Segen ist eine göttliche Handlung die Leben schenkt und im Vater ihren Ursprung hat". (KKK 1078)

Wenn wir diesen Satz „Laßt die Kinder zu mir kommen" so betrachten, dann können wir uns auch selbst ohne weiteres darin wiederfinden. Dann verstehen wir auch die Sehnsucht Jesu, daß er alle Kinder seines Vaters um sich wissen und mit seinem Segen erfüllen will. Für den Einzelnen ist das dann die persönliche Erfahrung, von Christus seinem göttlichen Bruder umarmt und geliebt zu werden. Es ist die selige Stunde in der einer zum göttlichen „DU" findet und die Segnung der Kinder von damals heute an sich selbst erfährt. Immer wenn die Verkündigung des Evangeliums auf diese Weise lebendig und gegenwärtig geworden ist, wird der Einzelne auf eine ganz neue Weise mit Christus verbunden und gestärkt. Sein Herz wird dabei mit reichem Trost und mit großer Freude erfüllt und in der Kraft dieses Segens kann er den anderen von Gottes Liebe und Güte Zeugnis geben.

Eine gute Betrachtung beansprucht alle geistigen Kräfte des Menschen und er breitet dabei seine gegenwärtige Situation vor Gott aus. Deshalb kann man an dieser Stelle nicht einfach bei der Segnung der Kinder von damals stehen bleiben, sondern man muß dem Segen Jesu in seinem eigenen Leben einen Platz einräumen. So wird das Evangelium nach und nach zur eigenen persönlichen biblischen Geschichte und durchdringt das ganze Wesen des Menschen, „bis der ganze Teig durchsäuert ist" (Mt 13,33). Auf diese Weise lernen wir die Bibel nicht nur kennen, sondern wir verstehen ihren tieferen Sinn zu beachten und ihm nachzuspüren. In seinem Bemühen um das Verstehen des Wortes Gottes ist der Gläubige aber nicht auf sich allein gestellt, sondern er kann dabei immer auf die Hilfe des Heiligen Geistes bauen, ihn um seinen Beistand anrufen und ihm seine Schwierigkeiten anvertrauen.

Die Jünger hatten bei ihrem Meister vieles zu lernen und nur wenn auch wir bereit sind seine Lehren wirklich anzunehmen, werden wir seine guten Jünger sein. Denn auch für uns stellt sich die Frage: *Wie gut verstehen wir, was der Herr uns heute lehren will?* Die Jünger hatten die Leute damals zuerst einmal abwimmeln wollen, vielleicht weil sie der Meinung waren, daß das Segnen der Kinder nichts mit der Verkündigung des Reiches Gottes zu tun habe. Sie erkannten noch nicht die ganze Tragweite seines Segens und sahen dies womöglich als zu zeitraubend oder stressig für ihren Meister an. Ebenso geht es auch oftmals uns, daß wir so manches in unserem christlichen Leben nicht als wesentlich erkennen; da kann uns dann nur ein wegweisendes Wort Christi helfen, das uns den rechten Weg zeigt. Darum hören wir hier die Weisung Jesu an uns: „Laßt die Kinder zu mir kommen".

Legen wir bei unserer Betrachtung die Betonung auf das Wort „Kinder", dann kann das heißen, daß der besonders von Jesus gesegnet wird, der vor ihm wie ein Kind dasteht: unbefangen, hilflos, arglos und vertrauensvoll. Trotzdem ist das Kind in jedem Falle sehr gut dazu fähig, die Mentalität seiner Umwelt einzuschätzen: es empfindet sofort wenn es angenommen und geliebt wird, wenn es einen Platz im Herzen der anderen hat und wenn es bejaht und gewollt ist. Als ein Kind vor Jesus zu stehen macht uns dabei selbst groß und weitherzig, sicher im Urteil und unabhängig von den Meinungen der Umwelt, denn sein Segen macht uns seinem Wesen immer ähnlicher. Ja wir dürfen sogar stolz darauf sein, daß wir Kinder Gottes sind, eines Vaters der uns liebt und der uns in Christus sein ewiges Heil schenken will. Diese Freude darüber sollte immer mehr unser Herz erfüllen und kann auch ein bisschen auf unserem Gesicht abzulesen sein.

Die Segnung der Kinder darf aus diesem Grunde auch nicht spurlos an uns vorübergehen, denn sie will an uns selbst seine göttliche Wirkung erweisen. Wenn uns daher Christus seinen Segen spendet, will er uns dadurch mit seinen göttlichen Gaben beschenken. Wie bei der Heilung der verschiedenen Kranken die Menschen von ihren Leiden befreit wurden, so bewirkt auch sein Segen, daß die Gesegneten von nun an in seiner Gnade leben dürfen. Hier kommt aber noch hinzu, daß der Mensch mit dem Segen Gottes mitwirken muß, da er sich sonst nicht voll entfalten kann. Der Segen wirkt also nicht automatisch, sondern er ist irgendwie dem Dünger auf dem Feld vergleichbar. Der treue Knecht hatte mit seinen Talenten Handel getrieben und konnte seinen Einsatz verdoppeln. Dieses Wort Jesu zeigt uns sowohl die Leistung des treuen Dieners, als auch die Fruchtbarkeit des göttlichen Segens.

Um dies den Menschen immer wieder in Erinnerung zu bringen, zitierte man früher gerne das kleine Sprichwort: „An Gottes Segen ist alles gelegen". Ähnlich kannte man für alle Belange des Lebens solche Sprichwörter, um sich die verschiedenen Weisheiten und Wahrheiten ständig vor Augen zu halten. Überhaupt wohnt dem Segen Gottes die größte Macht des Christen inne und das lehrte schon der hl. Paulus seinen Gemeinden „Segnet eure Verfolger; segnet sie, verflucht sie nicht" (Röm 12,14). Gerade die ersten Gläubigen waren von allen Seiten her bedrängt und wurden vielfach in die Enge getrieben; und in dieser Situation wurden sie von ihm zum Segnen des Verfolgers aufgefordert. Der Segen heilt die geschlagenen Wunden der Seele und schenkt Gerechtigkeit und Frieden. Er läßt keine Verbitterung aufkommen und sieht im Verfolger keinen bösartigen Feind, sondern einen unwissenden oder fehlgeleiteten Bruder. Der Segen ist die aktualisierte Gnade Gottes und seinem heilenden Einfluß kann auf die Dauer nichts widerstehen.

Ganz eindeutig geht es bei dieser Perikope also nicht nur um die Kinder, denn Jesus zieht dabei sogleich die Schlußfolgerung: „Wer das Reich Gottes nicht annimmt wie ein Kind, der wird nicht hineinkommen". Es geht ihm daher in erster Linie um das Reich Gottes und wer dafür Zutritt hat. Er nennt die natürlichen Eigenschaften des Kindes jedoch nicht näher, denn sie sind allgemein bekannt. Ein Kind kennt keine Vorbehalte oder Hintergedanken, keine List oder Spitzfindigkeiten, sondern es ist für alle offen, es kann sich leicht beschenken lassen, und glaubt und vertraut in jeder Lebenslage. Daraus ergibt sich für uns die Frage: Wie können wir uns solche Eigenschaften des Kindes im Leben erhalten? Das ist letztendlich nur dem möglich, der in Gott seinen Vater erkennt und ihm in allen Situationen des Lebens seinen Glauben und sein Vertrauen schenkt.

Für Jesus ist also die Verwirklichung des Reiches Gottes das eigentliche Grundthema und diesem Ziel wird bei ihm alles untergeordnet. Seine Segnung der Kinder will den Gläubigen aller Zeiten zur Gotteskindschaft führen und er braucht dafür keine großen Erklärungen, denn der Mensch spürt es wie von selbst, wie er dabei von seiner Liebe berührt wird. Diese Begebenheit ist deshalb zuerst einmal eine Geschichte für die Erwachsenen, wie so manche Werke der Weltliteratur im Grunde genommen für die Großen bestimmt sind, wenn sie auch vordergründig über Kinder handeln. Sie erschließt sich daher in ihrer ganzen Tragweite nur dem, der sich ausgiebig und sorgfältig mit ihr befaßt und ihren tieferen Sinn zu verstehen sucht. Jesus redet sehr oft über das Kommen des Reiches Gottes, was es aber beinhaltet, das werden wir nur von Stufe zu Stufe erfassen, denn je mehr sich einer darauf einläßt, desto tiefer wird er in seine Geheimnisse eingeführt.

Wie sich der Segen Jesu damals an den Kindern auswirkte, das können wir uns nur in Gedanken vorstellen. Jedenfalls konnten sich noch viele Menschen sogar nach Jahrzehnten ganz genau an diese Szene erinnern, und sie war den ersten Christen sehr wertvoll, da man womöglich noch auf manchen Gläubigen verweisen konnte, der einst als Kind vom Herrn gesegnet wurde.

Mit der Zeit mögen diese persönlichen Andenken an Jesus verblaßt sein und die Freude über die Taufe und den Empfang des Heiligen Geistes nahmen diesen Platz ein. Daher stehen wir auch nicht hinter diesen ersten Christen zurück, denn wir erhalten ja alle dieselben Gnaden und Gaben wie sie. Seitdem ist es aber die erste Aufgabe der Eltern, ihre Kinder zu segnen und den Segen Christi auf sie herabzurufen. Dieser Segen soll sie das ganze Leben hindurch begleiten und ihnen vor allem an den Scheidewegen ihres Lebens eine sichere Hilfe sein.

Wir haben diese wenigen Verse des Evangeliums über die Segnung der Kinder betrachtet und vielleicht ist uns dabei der Reichtum und die Tiefe des Wortes Gottes wieder etwas näher gekommen. Die großen Geheimnisse des Reiches Gottes erschließen sich nicht den Schmalspurchristen, sondern nur denen, die sich von Herzen darum bemühen sein Reich aufzubauen. So wie die Kinder von damals erwachsen geworden sind, so müssen auch wir in unserer Liebe zu Gott ständig Fortschritte machen, damit wir seinen Erwartungen entsprechen. Diese ganze Begebenheit ist daher kein Kinderspiel sondern eine ernsthafte Forderung Jesu zu einem Leben in seinem Segen. „Ihr sollt Frucht bringen in jeder Art von guten Werken und wachsen in der Erkenntnis Gottes“ (Kol 1,10).

Der Einzug in Jerusalem Mk 11,1 – 11

Als sie in die Nähe von Jerusalem kamen, nach Betfage und Betanien am Ölberg, schickte er zwei seiner Jünger voraus. Er sagte zu ihnen: Geht in das Dorf, das vor euch liegt; gleich wenn ihr hineinkommt, werdet ihr einen jungen Esel angebunden finden, auf dem noch nie ein Mensch gesessen hat. Bindet ihn los, und bringt ihn her! Und wenn jemand zu euch sagt: Was tut ihr da?, dann antwortet: Der Herr braucht ihn; er läßt ihn bald wieder zurückbringen. Da machten sie sich auf den Weg und fanden außen an einer Tür an der Straße einen jungen Esel angebunden, und sie banden ihn los. Einige, die dabeistanden, sagten zu ihnen: Wie kommt ihr dazu, den Esel loszubinden? Sie gaben ihnen zur Antwort, was Jesus gesagt hatte, und man ließ sie gewähren. Sie brachten den jungen Esel zu Jesus, legten ihre Kleider auf das Tier, und er setzte sich darauf. Und viele breiteten ihre Kleider auf der Straße aus; andere rissen auf den Feldern Zweige ab und streuten sie auf den Weg. Die Leute, die vor ihm hergingen und die ihm folgten, riefen: Hosanna! Gesegnet sei er, der kommt im Namen des Herrn! Gesegnet sei das Reich unseres Vaters David, das nun kommt. Hosanna in der Höhe! Und er zog nach Jerusalem hinein, in den Tempel; nachdem er sich alles angesehen hatte, ging er spät am Abend mit den Zwölf nach Betanien hinaus.

\+ + + + +

Diese Begebenheit gab dem Palmsonntag seinen Namen und er ist der Beginn der Karwoche. Gerade bei den gut bekannten Dingen des Lebens kommt es leider oftmals vor, daß sie in ihrem Wesen dennoch unbekannt bleiben, daher ist es sicher sinnvoll, sich mit dieser Geschichte einmal eingehender zu befassen. Dieser Text läßt sich in zwei Teile aufgliedern: in die Vorbereitung zum Einzug und in diesen selbst. Dabei beschreiben allein sieben Verse diese Vorbereitung und nur vier Verse berichten den eigentlichen Einzug Jesu. Das erleben wir in der Hl. Schrift häufiger, daß die Vorgeschichte relativ ausführlich behandelt wird, während die Hauptsache nur mit wenigen Strichen skizziert wird. Wir dürfen aber davon ausgehen, daß Jesus zuvor gewiß mehrfach Jerusalem besuchte. Von seiner ersten Wallfahrt als Zwölfjähriger berichtet der Evangelist Lukas ausführlich und auch in der Folge wird er gewiß regelmäßig zu den Festen in Jerusalem gewesen sein.

Fünfhundert Jahre vor Christus trat der Prophet Sacharja auf und verkündete dem hoffnungslosen Volke Israels die Frohe Botschaft: „Fürchte dich nicht, Tochter Zion! Siehe, dein König kommt; er sitzt auf dem Fohlen einer Eselin" (Sach 9,9). Dieses Prophetenwort ist im Einzug Jesu in Jerusalem in Erfüllung gegangen. Er kommt nicht auf einem stolzen Pferd geritten, sondern auf dem Jungen einer Eselin, um anzudeuten, daß seine Herrschaft nicht wie bei allen anderen Königen auf Macht und Gewalt gegründet ist, sondern auf Barmherzigkeit und Frieden. Dieser feierliche Einzug in Jerusalem ist der Beginn einer neuen Weltzeit, denn Jesu ist gekommen um zu dienen, die Wunden zu verbinden und zu heilen. „Denn der Menschensohn ist gekommen, um zu suchen und zu retten, was verloren ist" (Lk 19,10). So wird die Welt von jetzt an durch Jesus Christus in dieser neuen Zielsetzung regiert und alle, die an ihn glauben, verkünden mit ihm seinen Frieden und seine Liebe.

Aus diesem Grunde ist auch die Liturgie des Palmsonntages zuerst einmal eine große und festliche Huldigung an Christus den König, der als Heiland und Erlöser in Jerusalem einzieht, denn dies ist die erste und sichtbare Proklamation seiner Herrschaft über die ganze Welt. Wenn sie auch nur ein kurzes Aufleuchten seiner Macht ist, so ist sie doch von der Freude derer begleitet, die ihm schon jetzt als Messias huldigen. In diesem Falle läßt sich Jesus auch den Jubelruf des „Hosanna" gefallen, denn hier schickt er sich an, die Welt von ihren Sünden zu erlösen. Diesen feierlichen Einzug in Jerusalem muß man daher zuerst einmal mit den Augen des Glaubens sehen, denn es war auf der anderen Seite für die damalige Zeit das normalste auf der Welt, auf einem Esel reitend in die Stadt zu gelangen. Was aber diesen Einzug von allen anderen ganz wesentlich unterscheidet war die Tatsache, daß hier Jesus gekommen ist um sein Volk zu erlösen, während alle anderen Könige als Sieger in ihre Städte einzogen.

Er reitet also schon vor seiner Schlacht als Sieger in die Stadt Jerusalem ein, begleitet von seinen wenigen Jüngern; er führt daher aber auch noch keine Gefangenen mit und hat noch keine Siegesbeute zu verteilen. Der Prophet sieht aber seine herausragenden Eigenschaften schon von Ferne: „Er ist gerecht und hilft, er ist demütig und verkündet den Frieden" (Sach 9,9). Sein Einzug in Jerusalem ist aber trotz der Tatsache, daß ihm so manche freudig zujubeln, eigentlich nur eine Vorwegnahme seines Triumphes, „um in allem die Schrift zu erfüllen" (Mt 26,56). Der feierliche Einzug und dann aber in das ewige Jerusalem geschieht erst in seiner Himmelfahrt, wenn die Erlösung des Menschengeschlechtes vollbracht ist. Dann jubelt die Kirche in festlichem Chor: „Du zogst hinauf zur Höhe, führtest Gefangene mit" (Ps 68,19).

Der Prophet Sacharja nennt in seinem Trostwort zuerst einmal vier Wesensmerkmale dieses Königs, die wir jetzt etwas bedenken wollen, damit wir ihn besser verstehen. Da ist als erstes die Gerechtigkeit genannt; sie ist zudem förmlich das Markenzeichen des ganzen Alten Testamentes. In jedem Kapitel dieses umfangreichen Werkes wird auf die eine oder andere Weise von der Gerechtigkeit gesprochen und man muß dabei schon genau beachten, was im jeweiligen Falle wirklich gemeint ist. Als erstes einmal muß man bedenken, daß ein Mensch die Gerechtigkeit nicht für sich allein üben kann, sondern daß sie immer auf einen anderen bezogen ist. So wird sie in seinem Verhältnis zum Mitmenschen, zum ganzen Volk oder auch zu Gott gesehen. Sie hat etwas an sich, das wir auch von der Symbolfigur der Justitia her kennen, die Ausgeglichenheit und die Verbindlichkeit, was das Einhalten von Verpflichtungen und Verträgen mit einschließt.

Das Grundmotiv der Bibel ist aber eigentlich die Gerechtigkeit in Bezug auf Gott. Er ist der Gerechte, weil er seine Versprechungen hält und weil er das herbeiführt, was die Propheten in seinem Namen verkündeten. Er segnet und belohnt den Gerechten, der nach seinen Geboten lebt und der sich an sein Wort hält, ihn auf diese Weise ehrt und so zum Vorbild für das ganze Volk wird. Daß dieser prophezeite König aber auch selber gerecht ist, das wird als selbstverständlich vorausgesetzt, denn er richtet Gottes Reich des Friedens auf. Schließlich wird uns durch sein Leiden und Sterben die Gerechtigkeit geschenkt, denn: „Er hat unsere Sünden mit seinem Leib auf das Holz des Kreuzes getragen, damit wir tot seien für die Sünden und für die Gerechtigkeit leben“ (1 Petr 2,24). Die einfachste Formel nach der man die Gerechtigkeit verwirklichen kann, lehrt uns Jesus in der Goldenen Regel: „Alles, was ihr also von anderen erwartet, das tut auch ihnen! Darin besteht das Gesetz und die Propheten“ (Mt 7,12).

Der Prophet Sacharja verkündet des Weiteren von ihm, daß er allen hilft; auch das ist etwas Neues in dieser Art, denn welcher König hätte das je von sich sagen können? Das setzt nämlich voraus, daß er jeden Einzelnen kennt und ihn in seinem Leben begleitet. Er hilft aber jedem, der zu ihm ruft, indem er ihn heilt und tröstet, ihm Mut macht, und Freude schenkt, seine Sorgen mit ihm teilt und ihn den Weg zum ewigen Leben führt. Er hilft ihm ferner indem er in ihm lebt, ihn auf seinem Wege stärkt und ihm das Brot des Lebens ist. Des Weiteren hilft er ihm indem er ihm den Heiligen Geist sendet, der ihn mit seinen Gnaden und Gaben überhäuft, daß er so das ewige Leben sicher erreichen kann. Seine Hilfe erreicht also grundsätzlich alle die nach ihm suchen, ihn um seine Hilfe anrufen und ihm nachfolgen. Ja er hilft Menschen und Tieren und sogar: „den jungen Raben, die nach ihm schreien“ (Ps 147,9).

In seinem öffentlichen Leben hat Jesus dies alles an den Menschen praktiziert: Er heilte alle möglichen Krankheiten und Gebrechen, er verkündete die Frohe Botschaft vom Reiche Gottes und lehrte uns, daß wir zu Gott „Abba, Vater" sagen dürfen. Er schenkte uns ein ganz neues Vertrauen in Gott und lehrte uns den Weg der Seligpreisungen zu gehen. Er bietet uns die Alternative des Glaubens an, der gerade auch dann an ihm festhält, wenn dieser Glaube geprüft und gesiebt wird und uns im Leben so manches zuwider läuft. Dies alles hat er uns aber auch selbst vorgelebt, denn: „Er erniedrigte sich und war gehorsam bis zum Tod, bis zum Tod am Kreuz" (Phil 2,8). Die vielen Ungereimtheiten und dunklen Stunden mit denen wir in der Welt leben müssen, können wir dabei vertrauensvoll in seine Hände legen; sie werden dadurch zwar nicht gleich beseitigt, aber wir dürfen dann darauf hoffen, daß er sie mit uns in seinem Herzen trägt.

Ferner ist hier von ihm gesagt, daß er demütig sei. Es ist für uns jedoch nicht einfach, sich einen demütigen König vorzustellen; deshalb gibt er uns ein sichtbares Beispiel dafür in seinem Einzug in Jerusalem, denn er reitet ganz bewußt nur auf einem Eselchen. Zunächst einmal muß man sich dabei seine einzigartige Stellung in der Schöpfung vorstellen, um die Größe seiner Demut erahnen zu können. Er ist der Sohn des ewigen Vaters und der Erbe des Alls und wenn er sich anschickt die Welt zu erlösen, dann ist das ein Zeichen seiner tiefsten Demut. Sie ist daher mit nichts hier auf Erden zu vergleichen, denn sie ist allein im Gehorsam gegen seinen himmlischen Vater und in seiner Liebe zu uns begründet. Wenn wir uns daher vor Augen halten, daß er auch ganz Mensch war, dann können wir schon etwas verstehen, wie er oft mit sich gerungen haben muß, um den Versuchungen zur Macht und Gewalt erfolgreich zu widerstehen.

Aus diesem Grunde ist er auch für uns das Modell jeglicher Demut geworden, denn nur er kann uns die wahre Demut lehren.

Vor allem im Mittelalter legte man viel Wert auf diese Tugend der Demut und man versuchte sie von allen Seiten her zu beleuchten. Sie wurde als das Fundament aller Heiligkeit angesehen, denn sie besteht im restlosen Eingehen in den Willen Gottes. Daher ist die Demut nicht irgendeine Tugend mit der man sich schmücken will, sondern sie ist der Beginn, die Mitte und die Vollendung aller Tugenden zusammen. Der Demütige ist Gott wohlgefällig und ein leuchtendes Abbild Christi.Wir selber sind aber schon froh, wenn wir überhaupt den tieferen Sinn dieser Tugend erfaßt haben und wenn wir sie wenigstens ansatzweise zu üben vermögen. „Lernt von mir; denn ich bin gütig und von Herzen demütig" (Mt 11,29)

Die vierte Eigenschaft, die der Prophet an dieser Stelle hervorhebt, ist die Verkündigung des Friedens. In diesem Wort schlummern gleich zwei Überlegungen. Wer den Frieden verkündet, das kann auch nur einer sein, der selbst weiß, was Frieden ist. Der Prophet Jesaja betitelte den Messias daher als den Friedensfürsten, als den, der den Frieden aus sich heraus besitzt und ihn der Welt weitergeben kann. Sein Frieden hat eine ganz andere Dimension, denn er ist in der Übereinstimmung mit dem Willen Gottes begründet. Dann liegt zum zweiten hier der Ton auf dem Wort „verkünden". Er verkündet der Welt den Frieden, aber dieser ist nicht schon sofort überall gleich präsent; denn er kann sich nur dort voll entfalten und verwirklichen, wo er auch angenommen und gelebt wird. Dieser Friede wurde der Welt schon bei der Geburt Jesu von den Engeln verkündet: „Verherrlicht ist Gott in der Höhe, und auf Erden ist Frieden bei den Menschen seiner Gnade" (Lk 2,14). Frieden ist die uns zugewandte Seite des Unsichtbaren Gottes.

Der Mensch, der die Friedensbotschaft verkünden hört, hat im Prinzip nur die eine Aufgabe, diesen Frieden anzunehmen, ihn in sich zu tragen und ihn an seine Mitmenschen weiterzugeben. Du brauchst zuerst einmal nicht selbst den Frieden zu machen, sondern ihn nur so zu bewahren, daß du ihn leicht an die andern weitergeben kannst. Wenn du dann auf einen anderen triffst, der ihn von dir annimmt, hat sich dieser Frieden regelrecht verdoppelt. Das ist dann zugleich durch den Heiligen Geist geschehen, der in allem wirkt. Der Friede ist eine Frucht des Heiligen Geistes, den Jesus in die Herzen legen kann, die für sein Wirken offen sind (Gal 5,22). Der Friede ist daher genau genommen ein Geschenk des dreifaltigen Gottes an die Menschen und dieser braucht sich von ihm nur damit beschenken lassen. Er enthält deshalb sinngemäß die Begriffe *Gott, Einigkeit und Ewigkeit,* da er seine Vollendung erst in der Ewigkeit finden wird.

Der eigentliche Wendepunkt dieser Geschichte ist aber der Moment in dem die Leute ihre Kleider auf der Straße ausbreiten, Zweige auf den Weg streuen und zu rufen beginnen: „Hosanna! Gesegnet sei er, der da kommt im Namen des Herrn". Während früher nach vielen Zeichen und Wundern Jesu berichtet wird, „daß die Leute Gott priesen und sagten: So etwas haben wir noch nie gesehen" (Mk 2,12), werden sie hier förmlich von einer Welle der Begeisterung erfaßt, die viele andere auf dem Weg zum Tempel hin mitriß. Eine solche Situation, in der man vom Staunen zur Verherrlichung Gottes kommt, ist ein außergewöhnliches Geschenk, das zur höchsten Ehre Gottes führt. Eine solche Erhebung des Herzens schenkt er aber zuweilen auch heute noch, wenn die Gläubigen die Großtaten Gottes bedenken oder anderen davon Zeugnis geben. Letztlich ist es die Verwirklichung des Prophetenwortes: „Juble laut, Tochter Zion! Jauchze, Tochter Jerusalem! Siehe, dein König kommt zu dir" (Sach 9,9).

Alle vier Evangelisten zitieren beim Einzug in Jerusalem die Stelle aus dem Psalm 118, wonach die Leute riefen: „Hosanna, gesegnet sei er, der kommt im Namen des Herrn". Dieses Hosanna ist also ein sehr alter Segensruf den wir auch heute noch im Sanktus der Hl. Messe dem Herrn zurufen. Jetzt ist er da, der Erlöser, der Sieger und König und wir haben allen Grund ihm mit Zweigen in den Händen entgegen zu gehen. Einst ist Jesus feierlich in Jerusalem, seiner geliebten Stadt, eingezogen und die Kirche geht seitdem dem Herrn mit Jubelliedern entgegen, um ihm gebührend zu huldigen. In ihrer Mitte steht aber jeder Einzelne von uns, um ihn mit den Zweigen unserer guten Werke in den Händen, mit offenem Herzen und mit Lobliedern auf den Lippen zu empfangen. Ansonsten würde der Einzug Jesu in Jerusalem nur eine schöne Geschichte bleiben, wenn er nicht auch in das Herz eines jeden einziehen könnte.

Der Einzug in Jerusalem will uns daher zu eifrigen Taten unseres Glaubens anregen, das können wir schon aus dem Ablauf dieser Szene herauslesen. Das fängt schon damit an, daß die Jünger das Eselchen herbeibringen und ihm die Kleider auflegen; es folgt, daß die Leute vor Jesus die Kleider ausbreiten, die Zweige auf den Weg streuen und das Hosanna rufen. Wir erfahren daraus, daß ein jeder etwas dafür tut und nur auf diese Weise kommt dann der Einzug in Jerusalem zustande. Ohne die Werke ist daher der Glaube tot, es geschieht dann einfach gar nichts und das Reich Gottes wird nicht verkündet. Damals in Jerusalem scheint der Einzug Jesu jedoch schnell wie ein Strohfeuer wieder in Vergessenheit geraten zu sein, denn schon am anderen Tag kam er zurück um die Händler aus dem Tempel zu vertreiben und das gestrige Ereignis scheint keine Spuren hinterlassen zu haben. Die Begeisterung war schnell verflogen und es weht ihm der eisige Wind des Unglaubens und der Hinterlist ins Gesicht.

Von dem Eselchen aber hat dabei überhaupt niemand Notiz genommen, denn es war seine erste Aufgabe und es stand noch auf wackligen Beinen. Es trug den Meister bis zum Tempel hinauf und mußte auf diese Weise schon erfahren, was es von seinem Dasein zu erwarten hatte. Aber ohne dieses Eselchen hätte es keinen Einzug in Jerusalem gegeben. Jesus muß dieses Jungtier, das er womöglich schon von früher her kannte, besonders geliebt haben. Es war als Lasttier geboren und die Last die es trug machte es weltberühmt. Es ist dabei förmlich ein Bild für den geworden, der auf ihm reitet, denn „Er hat unsere Sünden mit seinem Leib auf das Holz des Kreuzes getragen“ (1 Petr 2,24). So sind das Reittier und sein Reiter sozusagen zu einer Einheit geworden, die zusammen zum Tempel des Herrn zieht, um ihm das reine Opfer darzubringen: „Einen Leib hast du mir geschaffen. Und er sagte: Ja, ich komme, um deinen Willen zu tun“ (Hebr 10,7).

Wir brauchen uns aber gar nicht übermäßig dabei anzustrengen, um in dem Bild des Eselchens uns selber zu entdecken. In unserem Leben stehen wir nicht immer nur am Wege und jubeln Jesus zu, sondern wir sind auch oftmals der, auf dem Jesus in die Stadt hineinreiten will. Unsere Hände und Füße, unsere Eigenschaften und Talente will er dabei gebrauchen, um durch uns in die Stadt und zu den Menschen zu gelangen. Das ist für uns etwas ganz Neues und wir scheinen dafür noch gar nicht fähig zu sein; wir stehen dabei auf wackligen Beinen und fragen uns vielleicht: Warum setzte sich Jesus nicht auf das ausgewachsene Muttertier, auf die bewährte Eselin, die ihn doch sicher und ohne Probleme in die Stadt getragen hätte? Aber: „Das Schwache in der Welt hat Gott erwählt, um das Starke zuschanden zu machen“ (1 Kor 1,27).

Die Tempelreinigung Mk 11, 15 – 19

Dann kamen sie nach Jerusalem. Jesus ging in den Tempel und begann, die Händler und Käufer aus dem Tempel hinauszutreiben; er stieß die Tische der Geldwechsler und die Stände der Taubenhändler um und ließ nicht zu, daß jemand irgendetwas durch den Tempelbezirk trug. Er belehrte sie und sagte: Heißt es nicht in der Schrift: Mein Haus soll ein Haus des Gebetes für alle Völker sein? Ihr aber habt daraus eine Räuberhöhle gemacht. Die Hohenpriester und die Schriftgelehrten hörten davon und suchten nach einer Möglichkeit, ihn umzubringen. Denn sie fürchteten ihn, weil alle Leute von seiner Lehre sehr beeindruckt waren. Als es Abend wurde, verließ Jesus mit seinen Jüngern die Stadt.

\+ + + + +

Das Evangelium von der Tempelreinigung hat so manche Eigenheiten, die es sorgfältig zu beachten gilt, denn es geht hierbei um das Wesen der Sendung Jesu. Sie muß einen tiefen Eindruck bei den ersten Christen hinterlassen haben, denn es ist eine der ganz wenigen Begebenheiten, die von allen vier Evangelisten überliefert wurde. Ein jeder bringt dabei verschiedene Nuancen und Sichtweisen mit ins Spiel und es ist daher sehr hilfreich, auch die entsprechenden Parallelstellen in Augenschein zu nehmen. Zudem wird es auch gut sein, diesem Evangelium eine ausgiebige Zeit zu widmen, damit sich die wesentlichen Aussagen besser einprägen und tiefer haften bleiben. Man darf aber nicht den Fehler begehen, bei einer bloßen Erwägung der Umstände stehen zu bleiben, sondern man muß auch zu der Frage kommen: *Was will dieses Evangelium mir persönlich sagen?*

Die ersten drei Evangelisten berichten über die Tempelreinigung am Tage nach dem feierlichen Einzug Jesu in Jerusalem; während der Evangelist Johannes diese an den Beginn seines öffentlichen Lebens stellte, um ihre zentrale Bedeutung im Leben und Leiden Jesu aufzuzeigen. Es waren die letzten Tage und Stunden die Jesus in Jerusalem verbrachte und sie sind mit inhaltsvollen Reden, Zeichen und Taten gefüllt, die das Reich Gottes und das Heil der ganzen Welt zum Inhalt haben. Daher muß man alle diese Ereignisse in dem größeren Zusammenhang des Lebens Jesu sehen, um ihre Bedeutung und Aussagekraft zu verstehen. Aus diesem Grunde ist die Tempelreinigung auch keine spontane oder affektvolle Tat Jesu sondern sie ist eine wohlüberlegte Zeichenhandlung um seine Sendung als Messias zu offenbaren. Die Tempelreinigung beginnt in Jerusalem und sie setzt sich fort in den Herzen aller Menschen, bis der Herr in der Herrlichkeit des Vaters wiederkommt.

Die Überschrift dieser Perikope lautet „Die Tempelreinigung". Sie ist aber vereinfacht gesehen leicht irreführend und hört sich sogar ziemlich banal an. In anderen Sprachen ist daher diese Überschrift schon vielfach geändert worden. So könnte sie z. B. auch heißen „Jesus und der Tempel" oder „Jesu Kritik am Tempeldienst". Da das Evangelium des Markus wohl kurz nach der Eroberung von Jerusalem geschrieben wurde, konnte der Evangelist auch ohne viele Bedenken die Mißstände am Tempel schildern, zumal Sein Evangelium an die Heidenchristen gerichtet war. Auf der anderen Seite bringt er ganz konsequent zum Ausdruck, daß Jesus der verheißene Messias und der Sohn Gottes ist. Die einzig angemessene Haltung ihm gegenüber ist daher seiner Meinung nach der Glaube an ihn, der sich in seiner treuen Nachfolge zu verwirklichen hat.

Um die ganze Bandbreite dieser Begebenheit etwas besser zu verstehen, müssen wir uns das Wesen und die Eigenart dieses Tempels und seine Geschichte einmal ganz deutlich vor Augen führen. Wir stellen dabei als erstes fest, daß man in allen höher entwickelten Kulturen auch Tempel zu Ehren ihrer Gottheiten baute. Der in seinem Wesen unerreichbare Gott sollte durch den

Tempel in die Nähe gebracht werden und so auf diese Weise für alle erfahrbar und ansprechbar werden. Hier hörte er besonders auf die ihm vorgebrachten Bitten und in ihm konnte man zu seiner Ehre die geforderten Opfer darbringen. So wurden die Tempel wie selbstverständlich zum kultischen Mittelpunkt eines Volkes und an ihnen konnte man den Standart ihres öffentlichen Lebens ablesen. Sie waren ein Spiegelbild ihres Lebens und ihres Verständnisses von Kunst und Schönheit; und in ihnen drückte sich vor allem auch die Macht und der Reichtum des Volkes aus.

Beim Tempel von Jerusalem kommt da aber noch etwas ganz Neues und Wesentliches hinzu. Während die Tempel der anderen Völker für gewöhnlich von ihren Bauherren geplant und entworfen wurden, hat dieser sein Vorbild in dem Heiligtum, das sich Gott nach dem Auszug Israels aus Ägypten in der Wüste bauen ließ. Auf ihn legte er seine Herrlichkeit und in ihm wohnte Gott der Herr und hier konnte man zu ihm beten, ihn loben und preisen und bei ihm Trost und Hilfe erfahren. In diesem Tempel brachte man ihm die vorgeschriebenen Opfer dar und von hier aus spendete er seinem ganzen Volke seinen Segen. Er offenbarte sich als der lebendige und wahre Gott und wachte eifersüchtig darüber, daß sein Volk sich keinen anderen Göttern zuwandte. Durch alle Jahrhunderte hindurch bewahrte er ihnen seine Huld und Treue, auch wenn sie immer wieder von dem Bund mit ihm abfielen. Von Anfang an versprach er ihnen: „Ich schlage meine Wohnstätte in euerer Mitte auf" (Lev 26,11).

Eine neue Sichtweise des Tempels kommt mit dem Auftreten Jesu in unseren Gesichtskreis. Er selbst nennt sich der neue und größere Tempel Gottes, denn in ihm ist die Gegenwart Gottes leibhaftig in die Welt gekommen. „Und das Wort ist Fleisch geworden und hat unter uns gewohnt" (Joh 1,14). In seiner Rede wegen des Abreißen der Ähren durch seine Jünger spricht er dann zu den Pharisäern ganz eindeutig: „Ich sage euch: Hier ist einer, der größer ist als der Tempel" (Mt 12,6). Ebenso erinnern wir uns an sein Wort: „Reißt diesen Tempel nieder, in drei Tagen werde ich ihn wieder aufrichten" (Joh 2,19). Sie hatten ihn aber nicht verstanden, weil sie für seine Frohe Botschaft nicht offen waren. So redeten sie immer aneinander vorbei, weil sie im Herzen verstockt waren und Jesus nicht als den Messias erkennen wollten.

Eine weitere Sicht des Tempels von Jerusalem sehen wir dann darin, daß die Gläubigen selbst ein Tempel Gottes sind. „Wißt ihr nicht, daß ihr Gottes Tempel seid und der Geist Gottes in euch wohnt?" (1 Kor 3,16). In allen diesen Bildern vom Tempel erfahren wir also die Gegenwart Gottes, die sich uns in seiner grenzenlosen Liebe und Barmherzigkeit hingibt. Auf diese Weise zeigt uns der hl. Paulus wie groß das Geschenk des Glaubens ist und wie sorgfältig wir diesen Schatz unseres Glaubens bewahren sollen. Wenn er uns das nicht geschrieben hätte; würden wir es heute wagen, uns als einen Tempel Gottes zu bezeichnen? Daß also Gott mit seiner ganzen Fülle in uns wohnt, das sollte uns immer ganz lebendig im Bewußtsein bleiben und das muß unser ganzes Leben wesentlich beeinflussen. Wenn wir daher über die sogenannte Tempelreinigung meditieren, dann dürfen wir nicht nur an den damaligen Tempel von Jerusalem denken, sondern wir müssen auch das wohnen Gottes in uns selbst im Blick haben.

Es geht dabei Jesus also zunächst einmal um die Heiligung des Tempels von Jerusalem; um die Ehrfurcht vor Gott und um die Erfüllung dieses Tempels mit seiner heiligen Stille und Würde. Der Großbetrieb und die Schwachheit des Menschen hatten es mit sich gebracht, daß dort aber Unruhe, Hektik und Betriebsamkeit eingezogen waren. Daher wurde die Gegenwart Gottes immer weniger gesucht oder wahrgenommen. Die Aktivitäten der verschiedenen Gruppen profanierten den Tempel zusehends und ließen die Opfer und Gebete nur noch zweitrangig erscheinen. Diesem Treiben wollte Jesus Einhalt gebieten und mit ein bisschen guten Willen hätten die Pharisäer und Schriftgelehrten Jesus dafür sogar dankbar sein können, daß er sich so intensiv für die Heiligung des Tempels engagierte. Der Tempel war die Herzmitte des ganzen Volkes, er gab ihnen den inneren und äußeren Zusammenhalt, aber diese Lebensmitte war krank und heilungsbedürftig.

In dieser Situation zitierte Jesus den Propheten Jesaja, an dem keiner der frommen Juden vorbeigehen konnte und hält ihnen entgegen: „Mein Haus soll ein Haus des Gebetes für alle Völker sein". Dieses Wort kann man in zwei Schritten deuten. Einmal ist der Tempel das Haus des Gebetes, der bevorzugte Ort um mit Gott zu sprechen. Hier findet das Opfer des frommen Beters Gefallen vor Gott und er wird mit seinen Gaben überhäuft. Der Bund, den Gott einst mit den Vätern geschlossen hatte, der gilt auch heute noch und jeder der zu ihm kommt, der wird in Gnaden aufgenommen. Allein dieser Tempel und Gottes Zusage an sein Volk ist in der ganzen Welt in dieser Art einmalig und ohne Beispiel und kein Volk kann sich eines solchen Gottes rühmen. Auf diese Stätte legte sich seine Herrlichkeit und ein jeder Israelit kann von Herzen stolz und glücklich sein, von einem solchen Gott gesegnet zu werden.

Der zweite Gedanke dieses Prophetenwortes beachtet die Aussage: „für alle Völker". Hier deutet sich die universale Weite dieses Gotteshauses an. Er ist nicht nur die Herzmitte für das kleine Volk der Juden, sondern alle Welt wird zu ihm kommen und hier seine Gebete an Gott richten und ihm Opfer darzubringen. Dieses Wort sehen wir in Jesus erfüllt, er ist der neue Tempel Gottes in Person, in ihm wird alle Welt geheiligt, erlöst und mit Gnaden beschenkt. Dieser neue Tempel ist weltweit und für alle Zeiten errichtet und jeder der in ihm beten will, wird von Gott erhört. Er ist der wahre Tempel, zu dem die Völker strömen und sie ziehen hinauf zum Berg des Herrn und zum Haus des Gottes Jakobs (Jes 2,3). Daher heißt es auch in der Offenbarung des Johannes: „Einen Tempel sah ich nicht in der Stadt. Denn der Herr, ihr Gott, der Herrscher über die ganze Schöpfung, ist ihr Tempel, er und das Lamm" (Offb 21,22).

Dieser einzigartigen Zielsetzung des Tempels stellt Jesus aber sogleich die reale Wirklichkeit gegenüber: „Ihr aber habt daraus eine Räuberhöhle gemacht". Dieses Wort des Propheten Jeremias hätte die Führer des Volkes Israels nicht tiefer treffen können, denn sie mußten zähneknirschend zugeben, daß mit ihrem Tempeldienst so manches nicht in Ordnung war. Der Tempel war nicht mehr das, was er nach dem Willen Gottes sein sollte, denn es waren Mißstände aufgetreten, die nach einer baldigen Abhilfe riefen. Auf der anderen Seite waren sie die Hüter des Heiligtums und sie konnten sich nicht so einfach jeder Kritik beugen, zumal sie auch auf einem schmalen Grad mit der Macht der Römer taktieren mußten. Was aber Jesus dazu noch bemängelte, das waren ihre persönlichen Fehler, denn sie waren habgierig, heuchlerisch und selbstherrlich.

Im Gegensatz zum Tempel von Jerusalem war Jesus, der neue Tempel Gottes, heilig und makellos, weil er selbst das Bild des unsichtbaren Gottes ist. „Ein solcher Hoherpriester war für uns in der Tat notwendig: einer, der heilig ist, unschuldig, makellos" (Hebr 7,26). Wie daher im Tempel zu Jerusalem Gott die Opfer des Lobes, des Dankes und der Sühne dargebracht wurden, so bringt auch Christus Gott, seinem himmlischen Vater, ein immer wohlgefälliges Opfer dar. Ja auch wir selbst dürfen uns als Tempel Gottes wissen, denn der Geist Gottes wohnt in uns, „der uns zu einer Wohnung Gottes erbaut" (Eph 2,22). Eine Deutung dieses Geheimnisses gibt uns der hl. Petrus, wenn er schreibt: „Kommt zu ihm, dem lebendigen Stein, der von den Menschen verworfen, aber von Gott auserwählt und geehrt worden ist" (1 Petr 2,4). Er nennt Christus den lebendigen Stein und im gleichen Atemzug auch die Gläubigen lebendige Steine, die zu einem geistigen Haus auferbaut werden.

Selbstverständlich ist dieser Begriff „lebendiger Stein", in sich gesehen ein Widerspruch, er ist aber ein brauchbares Bild, um das Wesen des Christen zu verdeutlichen. Wie sollen wir uns anders ein geistiges Haus vorstellen? Und wie soll man sonst geistige Wahrheiten oder Geheimnisse in verständlichen Bildern ausdrücken? Aber der vom Heiligen Geist Erfüllte kann erahnen, was damit gemeint ist. Wie nämlich ein Wissenschaftler auf den Erkenntnissen des anderen aufbauen kann, so ähnlich kann auch ein Christ auf den Gnaden und Gaben des anderen aufbauen; von dem in jedem Falle Christus das Fundament seines Glaubens ist. Als solche lebendige Steine dürfen wir in erster Linie die Heiligen ansehen, die sich als besonders erlesene Steine, in den Bau der Kirche eingefügt haben.

Ein jeder Christ wird also von Christus seinem Herrn als ein lebendiger Stein in den Bau der Kirche eingefügt. Dabei gibt es aber auch, um in unserer menschlichen Denkweise zu sprechen, vieles tote Gestein, das nur schwerlich verwendbar ist und den Bau der Kirche wesentlich verzögert, da auf ihm nur schlecht weiterzubauen ist. Der lebendige Stein aber ist ganz eng mit Christus, dem Fundament des ganzen Baues, verbunden und kann so einen herausragenden Platz im Bau der Kirche einnehmen. Er ist eine Zierde des ganzen Gebäudes, wie es auch die Säulen am Eingang des Tempels sind. Er schmückt seine Schauseite und erregt das Wohlgefallen des ganzen Volkes und gereicht seinem Baumeister zur großen Freude und zur höchsten Ehre.

Die Tempelreinigung selber verstehen wir heute als eine Zeichenhandlung Jesu, denn in dem Tempel Gottes darf sich nichts unheiliges befinden. Jesus trieb die Händler und Verkäufer aus dem Tempel, denn von jetzt an wird im Tempel nichts mehr verkauft, weil das, was es nun hier gibt – die Kindschaft Gottes – unbezahlbar ist. Er stieß die Tische der Geldwechsler um, denn von jetzt an gilt im Reiche Gottes eine neue Währung – die ungeteilte Liebe – zu Gott und den Menschen. Ferner werden jetzt auch keine Opfertiere mehr gebraucht, denn „Jesus ist gekommen, um sein Leben hinzugeben als Lösegeld für viele" (Mt 20,28). Er will aber das Haus Gottes wieder zu einem Haus des Gebetes machen und das Gebet das von jetzt an in seinem Namen zu Gott dem Allmächtigen aufsteigt, ist das „Vater unser".

Jesus Christus will aber auch in unserem Leben eine ganz persönliche Tempelreinigung vornehmen. Dazu sendet er uns den Heiligen Geist, der uns mit seinem liebenden Drängen zu allen guten Werken bewegen will. Um aber auch uns selbst von allem unheiligen zu reinigen kann es ein, daß er bei uns etwas umstürzt, worauf wir fest gebaut hatten. Oder daß er etwas zur Seite rückt was uns die rechte Sicht auf Gott versperrt; daß er uns etwas wegnehmen muß, was uns von seiner Liebe abziehen könnte. Das ist in der jeweiligen Situation meistens nicht leicht einzusehen, es kann uns aber womöglich später die tiefere Einsicht dafür geschenkt werden. Alles das gehört zu dieser Tempelreinigung die wir mit der Zeit verstehen müssen und die uns letztendlich dazu hilft, daß auch wir zu einem wertvollen Stein im Tempel Gottes werden.

Diese notwendige Reinigung des eigenen Herzens spricht Jesus auch in seiner Rede gegen die Pharisäer an: „Mach den Becher zuerst innen sauber, dann ist er auch außen rein" (Mt 23,26). Ein anderes Bild gebraucht der Evangelist Johannes: „Jede Rebe, die Frucht bringt, reinigt er, damit sie mehr Frucht bringt" (Joh 15,2). Im Grunde genommen sind es die gleichen Gedankengänge, nur daß sie durch ein anderes Bild ausgedrückt werden. Eine solche Tempelreinigung ist aber immer auch vom eigenen Einverständnis abhängig, ob man sie an sich zuläßt und ob man mit dem Heiligen Geist mitarbeitet. War sie dann auch wirklich erfolgreich, dann erstrahlt der Gläubige im Lichte Gottes und er wird ein Segen für viele Menschen.

Diese persönliche Tempelreinigung ist eine wichtige Stufe zu einem konsequenten Leben mit Christus. Der christliche Glaube besteht ja nicht nur im Annehmen einer Lehre, sondern vielmehr in einem Leben mit Christus unserem Herrn und Erlöser. Der Christ ist daher nicht fertig wenn er die Taufe empfangen hat, sondern diese ist nur der Beginn eines Lebens mit ihm, in stets wachsender Verbundenheit und Liebe. In der Folge muß er nämlich mit seinem Herrn und Meister leiden und sterben, um mit ihm zur Auferstehung zu gelangen. Daher liegt in der Tempelreinigung ein Schlüssel für das ganze christliche Leben, denn in dem Maße, wie sich ein Mensch von Gott reinigen läßt, wird er auch in der Liebe zu ihm wachsen und Frucht bringen.

Jetzt verstehen wir auch besser, warum alle vier Evangelisten die Tempelreinigung überliefert haben: Weil darin der einzige Weg des Christen liegt, zur vollkommenen Liebe und zur geistlichen Vereinigung mit ihm zu gelangen. Er offenbart sich dann dem Einzelnen als der lebendige Stein, „den die Bauleute verworfen haben, der aber zum Eckstein geworden ist" (1 Petr 2,7). Auf ihm ist der neue Tempel Gottes erbaut und alle die ihm nachfolgen, werden zu lebendigen Steinen dieses Tempels. Hier ist die Leideform des Lebens angesprochen, denn Gott reinigt und heiligt den Menschen und er muß sich reinigen lassen. Das ist die Frohe Botschaft, die uns dieses Evangelium verkündet, daß wir dazu bereit werden, uns reinigen zu lassen um auf diese Weise zur größeren Vollkommenheit und Verbundenheit mit ihm zu gelangen.

Das Opfer der Witwe Mk 12, 41 – 44

Als Jesus einmal dem Opferkasten gegenüber saß, sah er zu, wie die Leute Geld in den Kasten warfen. Viele Reiche kamen und gaben viel. Da kam auch eine arme Witwe und warf zwei kleine Münzen hinein. Er rief seine Jünger zu sich und sagte: Amen, ich sage euch: Diese arme Witwe hat mehr in den Opferkasten hineingeworfen als alle anderen. Denn sie alle haben nur etwas von ihrem Überfluß hergegeben; diese Frau aber, die kaum das Nötigste zum Leben hat, sie hat alles gegeben, was sie besaß, ihren ganzen Lebensunterhalt.

\+ + + + +

Dieser Text ist von vorneherein so einleuchtend und selbstverständlich, daß es darüber scheinbar nicht mehr viel zu sagen gibt. Aus diesem Grunde wird man bei der Bibellesung oder beim Bibelteilen nur allzuleicht auf Nebensächlichkeiten ausweichen. Mit diesem Evangelium ist also nicht viel anzufangen und die wenigen wichtigen Punkte sind daher schnell abgehandelt. Es ist so ein Text, den man gerne überspringt und sich anderen scheinbar ergiebigeren Stellen zuwendet. Umsomehr muß man sich aber darum bemühen, die verborgenen Samenkörner des Wortes Gottes freizulegen. Zunächst einmal sind hier zwei Handelnde zu unterscheiden: die Witwe, von der die Rede ist und Jesus, der seine Belehrung gibt. Die Witwe spricht jedoch nur durch ihre Tat, ansonsten bleibt sie im Hintergrund; und Jesus belehrt die Jünger über den Wert ihrer Opfergabe.

Beim ersten Hinsehen ergeben sich aber schon gleich eine ganze Reihe von Fragen, die wir zumindest andeuten wollen: Im Tempel war es nicht erlaubt sich zu setzen. Wie konnte Jesu sehen, daß die arme Witwe gerade zwei kleine Münzen opferte? Woher konnte er wissen, wie arm sie wirklich war? Wie soll man sich vorstellen, daß die Witwe wegen dieser beiden Münzen zum Tempel hinaufgegangen war? Was ist das für ein Opfer, zwei der kleinsten Münzen zu spenden? Wenn wir auf diese Weise fragen, merken wir schon selber, daß wir auf diesem Wege zu keinem Ziel kommen. Man wird aus diesem Grunde auch von einer ganz anderen Seite an diesen Text herangehen müssen. Man muß dabei Jesus auf den Mund schauen und genau hinhören was er sagt und beachten wo und wie er etwas sagt. Dieses Evangelium zeigt uns aufs Neue, wie man das Wort Gottes hören und betrachten muß.

Bisher lehrte Jesus in den Synagogen und auf den Staßen und Plätzen des Landes. Inzwischen ist er jedoch nach Jerusalem gekommen, um dort seine Sendung zu vollenden und da ist der Tempel der vorzügliche Ort seiner Lehrtätigkeit. Der Tempel ist das Haus Gottes, seines himmlischen Vaters und seine Sehnsucht war es gewiß, so oft wie möglich; „in dem zu sein, was seines Vaters war" (Lk 2,49). Hier wußte er sich auf besonderer Weise mit seinem Vater verbunden und war ihm ganz nahe. Der Tempel ist für alle Israeliten der sichtbare Mittelpunkt ihrer Gottesverehrung und hier konnten sie zu ihm beten und ihre Opfer darbringen. Wenn daher Jesus im Tempel lehrte, dann will er all das lehren, „was der Vater ihm aufgetragen hat" (Joh 8,28). Aus diesem Grunde sind letztlich immer die Geheimnisse des Reiches Gottes der Gegenstand seiner Lehre, die er durch Zeichen und Wunder deutlich zu machen versucht.

„Er setzte sich dem Opferkasten gegenüber" und beobachtete alles, was ringsum vor sich ging. Er sah den Leuten zu wie sie kamen und gingen, wie sie sich zum Gebete versammelten oder ihre Opfer vorbereiteten. Der Tempel war der heiligste Ort im Lande den man sich denken konnte, denn hier war man dem heiligen und allmächtigen Gott am nächsten. Er war das Ziel der jährlichen Wallfahrt der Gläubigen und an dieser Stelle zeichnete sich die Geschichte des Volkes mit seinem Gott am deutlichsten ab. Er war das Haus Gottes, in dem er sich als mächtig und heilig erwies und auf die Gebete der Gläubigen hörte. Jesus mußte aber leider auch so manche Menschlichkeiten feststellen, die der Betrieb im Tempelbereich mit sich brachte. Bei allem Wohlwollen für die Dienste am Tempel ist ihm dabei bald so manches aufgestoßen, was sein Mißfallen erregte; so daß er selbst einmal Hand anlegte um die eingerissenen Unsitten abzustellen.

Von seinem Platz aus sah er, wie die Leute ihre Opfer brachten, und „viele Reiche kamen und gaben viel". Zur Ehre Gottes kann man schließlich nicht genug tun und jedes Opfer bleibt immer nur eine kleine Gabe, denn die ganze Schöpfung ist ein Werk Gottes und alles gehört ihm und ist zu seinem Lobe bestimmt. Von alters her hat der Mensch das verstanden und daher waren seine Opfer auch immer nur ein Symbol dafür, daß er sich eigentlich selbst als Gabe darbringen sollte. Aus diesem Grunde muß man sich immer wieder fragen: *Was kann man dem Herrn überhaupt zum Opfer bringen?* „Denn all das hat meine Hand gemacht" (Jes 66,2). Daher betet schon der Psalmist: „Das Opfer das Gott gefällt ist ein zerknirschter Geist" (Ps 51,19), und wir tun gut daran uns ständig an dieses Gebet zu erinnern. Daher sind die Opfer der Reichen vor Gott nicht unbedingt größer und wertvoller, als die Opfer der Armen, denn er schaut immer auf das Herz des Opfernden.

Diesen Reichen stellt nun Jesus aber nicht einfach nur einen Armen gegenüber, sondern die Armut in Person dieser armen Witwe. Von den Armen waren die Witwen mit auf der untersten Stufe der Vermögenspyramide abgerutscht, denn sie waren schutzlos und wehrlos anderen ausgeliefert und in allen Belangen auf die Hilfe von barmherzigen Mitmenschen angewiesen. Können wir uns eine Witwe von damals anders vorstellen, als in gebeugter Haltung, bedrückt von der Last des Lebens und verkannt von den eigenen Hausgenossen? Das Schicksal dieser Armen hat Jesus sicher in besonderer Weise berührt, denn vielfach kommen in den Evangelien gerade auch die Witwen vor, denen er das Heil Gottes verkünden will. Die Sorge um die Armen und Witwen war daher auch in der ersten Christengemeinde von Jerusalem die große Herausforderung der Gläubigen und dafür haben sie ihre ganze Energie und Hingabe aufgewandt.

An diesem Punkt kommt der wesentliche Gegensatz zum Vorschein, die arme Witwe bringt ein Opfer dar, das nicht kleiner und erbärmlicher sein könnte, das man sich nicht unbedeutender und geringer vorstellen könnte, zwei der kleinsten Münzen bringt sie dem Herrn ihrem Gott dar und legt darin ihr ganzes Herz und ihren demütigen Sinn mit hinein. Sie gibt auf diese Weise alles dem Herrn zurück und kann nun förmlich sagen: „Nun habe ich nichts mehr was mir geblieben ist, denn alles habe ich dir zu Füßen gelegt. Von jetzt an bist du meine alleinige Zuversicht, denn ich habe nichts mehr worauf ich noch bauen und hoffen könnte. Du hast die ganze Welt geschaffen und den Menschen zu deinem Lob und deiner Ehre bestellt, alles was ich bin, habe ich dir übergeben und jetzt nimm mich selber als ein wohlgefälliges Opfer an."

Hier geschieht nun etwas ganz besonderes und das ausschlaggebende für unser christliches Leben. Jesus sieht unter dem Bilde des Opfers dieser armen Witwe sein eigenes Opfer an den himmlischen Vater vorgebildet. Er sieht wie die arme Witwe ihre letzten beiden Münzen Gott dargebracht hat und wie auch er selbst bald sein Lebensopfer vollbringen wird. Er stellt sie uns förmlich als Vorbild für sein eigenes Leiden und Sterben hin und sieht in ihrem Opfer schon die Vollendung aller Opfergaben. In seinem Opfer wird der Opfernde und das Opfer zu einer Einheit und dem himmlischen Vater zu einer wohlgefälligen Opfergabe. An dieser Stelle brauchen wir daher nicht nach anderen Erklärungen für das Opfer der Witwe zu suchen, denn sie selbst ist ein Bild für seine Opferbereitschaft an den Vater. Die Jünger haben die ersten drei Ankündigungen seines Leidens nicht verstanden und hier versucht er ihnen am lebendigen Beispiel der armen Witwe sein Opfer an den Vater im Himmel noch einmal zu erklären.

Erst diese Gegenüberstellung erschließt uns den Sinn und die Tiefe dieser Begebenheit. Ansonsten würden wir an dem Kern des Opfers der armen Witwe wie blind vorübergehen. Die Verkündigung der Frohen Botschaft hat hier ihre Mitte und ihren Bezugspunkt zu unserem Heil. Christus ist es der sich ganz seinem Vater hingibt und den letzten Heller für unsere Erlösung begleicht. Jetzt erst, im Nachhinein, können wir auch verstehen, warum es heißt „Jesus setzte sich dem Opferkasten gegenüber", weil er uns allen eine ganz wichtige Lehre erteilen wollte und das niedersetzen ist der bestimmende Gestus dafür.Um das zu bestätigen wird dazu noch ausdrücklich erwähnt: „Er rief seine Jünger zu sich". Sie alle sollten seine Lehre hören und sie sich für alle Zeiten zu Herzen nehmen.

Jesus erklärt das dann noch ausführlich seinen Jüngern: „Diese arme Witwe hat mehr in den Opferkasten hineingeworfen als alle anderen". Das sagt sich so leicht, aber um es wirklich zu verstehen muß man sich auf die Ebene begeben von der aus Jesus das gesehen hat. Nur auf diese Weise kann man das nachvollziehen und sein Wort annehmen. Wir sehen daran, daß dieses geistige Fundament unser ganzes Leben erfüllen und durchdringen muß, damit auch wir sehen können, wie Jesus sieht. In Anlehnung an sein Wort vom größeren Opfer, können wir aber auch von Jesus selbst sagen: Er hat mehr geopfert als alle anderen, denn: „Als er auf Erden lebte, hat er unter lautem Schreien und unter Tränen Gebete und Bitten vor den gebracht, der ihn aus dem Tod retten konnte" (Hebr 5,7). Er hat sich als der Sohn Gottes in allem dem Vater hingegeben und diese Tat übersteigt alle anderen Opfer.

Die arme Witwe hatte nur noch zwei kleine Münzen die ihr verblieben waren und wir sollten uns überlegen, was sie bedeuten mögen. Sie können den eigenen Willen und den Gehorsam gegen Gott symbolisieren. Alles andere hat ihr das Leben so nach und nach genommen und nur noch diese beiden Münzen sind ihr verblieben. Aber auch diese beiden letzten Güter läßt sie nicht zuhause verstauben, sondern sie opfert auch diese noch ihrem Herrn und Gott, damit alles ihm gehöre. Den eigenen Willen gibt sie ihm hin, der jedem Menschen von Natur aus zu eigen ist und sie schenkt ihm ihren Gehorsam der der Eingang zur Welt Gottes bedeutet. Ebenso hat auch Jesus selbst seine beiden letzten Münzen seinem Vater geopfert, denn: „Obwohl er der Sohn war, hat er durch Leiden den Gehorsam gelernt" (Hebr 5,8).

Wir haben uns zu Beginn unter anderem die Frage gestellt: *Wie kann man es sich vorstellen, daß die Witwe wegen dieser beiden Münzen zum Tempel hinauf gegangen war?* Eine plausible Erklärung gibt es dafür logischer Weise nicht und nur von der Welt des Geistes aus, läßt sich dazu eine einleuchtende Antwort geben. Man kann sie aber auch dann wahrscheinlich nur erahnen und im Lichte des Heiligen Geistes finden, denn seiner Gnade ist es vorbehalten: „uns in alle Wahrheit einzuführen" (Joh 14,26). Eine solche Deutung mag von der Heiligkeit Gottes ausgehen und die Witwe förmlich im Tempel zuhause sehen, wie einst die Prophetin Hanna, die bei der Beschneidung Jesu in den Tempel geführt wurde. Ohne diese beiden Münzen ist sie wieder heimgekehrt, aber wer hat danach ihr Leuchten auf dem Gesicht gesehen? Man möchte sich wünschen, mit dieser armen Witwe ins Gespräch zu kommen und es von ihr selbst erfahren, was sie dabei innerlich erlebte; so eine kleine Zwiesprache mit ihr täte uns allen gut.

Von dem Opfer der armen Witwe hat niemand im Tempel Notiz genommen, denn es ist in aller Stille geschehen; genauso wie es Jesus einst in seiner Lehre vom Almosengeben gefordert hat. „Wenn du Almosen gibst, soll deine linke Hand nicht wissen, was deine rechte tut" (Mt 6,3). Diese zwei kleinen Münzen sind auch sicher nicht im Opferkasten ins Gewicht gefallen, aber in ihnen hat sich die arme Witwe als reine Gabe dem ewigen und heiligen Gott ganz geschenkt. Wie gut kennen wir aber selbst unseren Gott, wenn Jesus feststellt, daß dieses Opfer Gott mehr als viele andere ehrt und er es wohlgefällig angenommen hat? Sollten wir das nicht zum Anlaß nehmen, unsere Geschenke und Opfer an Gott einmal gründlich zu überdenken? Solche zwei kleine Münzen können oft mehr bewirken und sind vor Gott vielfach wahrhaftiger als die vielen Gaben der Reichen zusammen.

Jesus hatte einen Blick für das außergewöhnliche und darum sah er diese arme Witwe, wie sie ihr Opfer darbrachte. Das wäre auch für uns angebracht, wenn wir uns darum bemühen würden, bei den anderen das Gute zu sehen. Das liegt aber im Prinzip schon weit über unserem natürlichen Denken und Handeln, denn um das Gute im anderen zu sehen, muß man zuerst einmal den Guten, „Gott", sehen können, wie er wirkt und waltet. Diese arme Witwe ist eine Heilige, die uns Jesus selbst zum Vorbild gegeben hat. „Denn sie alle haben nur etwas von ihrem Überfluß hergegeben; sie aber hat alles gegeben, was sie besaß". Sie ist jedoch nicht wegen dem Opfer der zwei kleinen Münzen heilig geworden, sondern sie war schon zuvor heilig, da sie alles dem Herrn geben konnte. Das ist uns auf diese Art und Weise zumeist nicht möglich, aber wir können ihm in Stille unsere beiden Münzen opfern und ihm darin unseren Willen und unseren Gehorsam schenken.

Jesus spricht jedoch die arme Witwe nicht an, denn sie ist schon ganz in das Geheimnis des Opfers an Gott mit hineingenommen. Er belehrt aber seine Jünger darüber, daß sie allen anderen etwas ganz wesentliches voraus hat. „Sie hat alles gegeben, was sie besaß". Wir erfahren aber von ihr kein einziges Wort und so bleibt ihr Gebet mit Gott in der Stille des Tempels verborgen. Sie hat hier praktisch wie von selbst das erfüllt, was Jesus seine

Jünger über ein gutes Gebet gelehrt hatte: „Wenn du betest, dann bete zu deinem Vater, der im Verborgenen ist. Dein Vater, der auch das Verborgene sieht, wird es dir vergelten" (Mt 6,6). Die ganze Begebenheit ist von der Gegenwart Gottes im Tempel eingehüllt und es liegt ein Hauch des göttlichen Wohlgefallens über ihr.

Es ist als wollte Jesus sagen: „Was ich euch gelehrt habe, das hat sie schon längst selbst erfüllt." Der Unterschied liegt vielleicht nur darin, daß er seine Lehre allen ans Herz gelegt hat. Alle sollen durch ein gottgefälliges Leben und das Streben nach Vollkommenheit den Willen des himmlischen Vaters erfüllen. Der Weg zu Gott ist ja nicht nur für einige wenige Auserwählte da, sondern er lädt alle Menschen zu einem Leben in der Liebe des Vaters ein. Beim Anblick dieser armen Witwe, die gerade ihre beiden letzten Münzen in den Opferkasten legte, muß er im Herzen gejubelt haben, denn er ist hier einem Menschen begegnet, der schon jetzt das Wesen des Reiches Gottes verstanden hatte. Er konnte ihr im Moment zwar die Armut nicht nehmen, aber er hat sie dafür mit seiner Liebe reich beschenkt. Diese kleine Episode ist in aller Welt verkündet worden und sie wird von einer Generation zu anderen weitergegeben, damit alle die wahre Größe dieser Frau erkennen.

Was uns an dieser armen Witwe so fasziniert ist der Gedanke, daß sie alles hingeben konnte ohne auf einen Lohn zu spekulieren. Schon der hl. Petrus fragte einst seinen Herrn: „Du weißt, wir haben alles verlassen und sind dir nachgefolgt. Was werden wir dafür erhalten?" (Mt 19,27). Die Frage nach dem Lohn für ein gutes Leben durchzieht die ganze Geschichte der Menschheit. Es scheint aber daß je mehr einer hinzugeben bereit ist, desto seltener wird er nach dem Lohn schielen. Vor allem zu Beginn seines Lebens mit Gott wird er viel über das Ziel reden und nachdenken, dann aber nimmt ihn der Weg zu Gott selber so in Beschlag, daß er kaum mehr seinen Träumen nachhängen kann. So gesehen muß die arme Witwe ihrem Lebensziel schon sehr nahe gekommen sein. Jedenfalls ist Jesus von ihr überaus beeindruckt und das will schon etwas heißen, denn er findet nichts zu verbessern an ihr.

Die arme Witwe hat in Gott einen anderen Lebenspartner gefunden, dem sie sich ganz hingegeben hat und der ihr niemand mehr nehmen kann. Sie hat in ihm einen neuen Lebensinhalt gefunden und Gott umgibt sie mit seiner ewigen Liebe. Sie könnte die Patronin aller Witwen sein, denn sie hat von Jesus ein großes Lob erhalten. Neben Maria, seiner Mutter, hat sie von ihm schon zu Lebzeiten diese Ehre erhalten; ist dieses Lob nicht schon der schönste Lohn ihres Lebens? Wenn sie es auch nicht gehört hatte, so begleitet sie dieses Lob Jesu doch für alle Zeit. An dieser Stelle mag uns das Beispiel Jesu vom Pharisäer und Zöllner in den Sinn kommen, in dem der Zöllner wegen seines ehrlichen Gebetes von ihm gelobt wird. So kann man auch in ähnlicher Weist von der armen Witwe sagen: „Sie ging als Gerechte nach Hause"(Lk 18,14).